DESTINS BRETONS

Administration et Aménagement du territoire

Collection dirigée par Jean-Claude Némery

Administrer, aménager le territoire constitue une des missions fondamentales des Etats modernes. Gérer les espaces de quotidienneté et de proximité dans le cadre de la décentralisation et de la démocratie locale, assurer le contrôle administratif et financier de l'action publique, anticiper l'avenir pour assurer un meilleur développement grâce à la prospective sont les objectifs essentiels des pouvoirs publics.

Cette collection *Administration et Aménagement du territoire* doit répondre aux besoins de réflexions scientifiques et de débats sur cet ensemble de sujets.

Déjà parus

Jacques BEAUCHARD, *Métropole et ville-pays, La construction des Grandes Régions, L'exemple de Reims*, 2016.

Trotsky MEL, *La décentralisation à l'épreuve de la crise économique en Côte d'Ivoire*, 2015.

Liam FAUCHARD, Gérard GUIGOURES, Jean PIANEL, *Mutations des relations sociales. Quels futurs possibles ?*, 2014.

Valérie ANGEON, Sylvie LARDON et Patrice LEBLANC (dir.), *Formation et apprentissage collectif territorial. Compétences et nouvelles formes de gouvernance territoriale. Tome 1, 2014.*

François VANHILLE, *Cultures de l'imaginaire, festivals et collectivités territoriales,* 2014.

Gilbert MEYER, *Développement durable et finances locales*, 2013.

Pierre TEISSERENC, *L'action publique dans ses nouveaux territoires en France et au Brésil*, 2013.

André TORRE et Frederic WALLET (sous la dir.), *Les enjeux du développement régional et territorial en zones rurales*, 2013.

Badr-Eddine BELAYACHI et Ramiro RIERA, *Le représentant territorial de l'Etat face au développement urbain*, 2013.

Bernard GUESNIER et Christian LEMAIGNAN (dir.*), Futurs des territoires. Hommage à Guy Loinger*, 2013.

Christian LEMAIGNAN, *La Pugnacité des élus, créateurs de territoires*, 2012.

Liam FAUCHARD, Philippe MOCELLIN, *Démocratie participative : progrès ou illusions ?,* 2012

Loeiz LAURENT

DESTINS BRETONS

Dialogues posthumes avec Liam FAUCHARD
Avec la contribution de Fabrice LAYER

Préface de Nicole LAURENT-CATRICE
Avant-Propos d'Alain MOUREAUD

L'Harmattan

5-7, rue de l'École-Polytechnique, 75005 Paris

http://www.harmattan.fr
diffusion.harmattan@wanadoo.fr

ISBN : 978-2-343-09899-9
EAN : 9782343098999

À Loeiz et à tous ceux qui l'ont aimé.

LIAM

« Qu'est-ce que le bonheur sinon l'accord vrai entre un homme et l'existence qu'il mène ? »

Albert CAMUS

SOMMAIRE

PRÉFACE

Ce livre de Loeiz LAURENT, décédé en août 2015, sera le dernier et nous révèle les deux faces de sa personnalité si riche.

Une face professionnelle et sérieuse d'économiste-statisticien-géographe. Il reprend ici son thème favori des découpages territoriaux.

Dès son arrivée à l'INSEE de Rennes en 1965 comme chargé des études, il tombe sur un dossier laissé par son prédécesseur Claude SEIBEL qui ébauche la notion de «pays». Il s'enthousiasme pour cette idée, tant pour ses dimensions parfaitement adaptées aux collectivités humaines que pour son caractère culturel et territorial. On se souviendra qu'en Bretagne chaque pays a sa coiffe, ses danses, son dialecte. Cette notion de pays semble être la mesure optimale du vivre ensemble, Loeiz y reviendra dans « Vivre au pays », écrit en collaboration avec Louis ERGAN. Longtemps il cherchera à remplacer les départements trop grands par ces entités plus restreintes à la mesure des communautés qui y vivent, au sein de régions plus importantes et plus autonomes. Il les appelle parfois bassins d'emplois et multiplie les cartes qui les justifient. Il se heurte trop souvent aux idées arrêtées des départementalistes. Comme il n'en est pas à un paradoxe près pour faire suite à « La fin des départements » il publie Grandes région et petits départements. On veut garder les départements ? Qu'à cela ne tienne ! On rebaptise les pays en départements, mais plus petits. Voulant par-là se concilier les départementalistes, il en aura dérouté plus d'un qui l'avait suivi dans la thèse des pays et croira qu'il s'est méjugé. Et pourtant il est toujours à la recherche de la dimension territoriale optimale à opposer aux excès du centralisme parisien et préservant les solidarités ville-campagne. On en verra un exemple dans l'étude intitulée De plus grandes régions.

Mais il y a une autre face de sa personnalité qui est moins connue et à laquelle il a davantage lâché la bride une fois en retraite. C'est celle de l'imaginatif et du conteur érudit et original, qu'appréciaient tellement ses amis. En quittant l'INSEE il a laissé un document qu'il avait intitulé « J'ai pas joué » où il recensait toutes les pistes d'études qu'il aurait aimé mener et qu'il n'avait pu qu'effleurer à ses moments de loisirs. Et surtout comme il le disait à Liam FAUCHARD, il souhaitait en entrant dans le groupe FUTUROUEST pouvoir «délirer». Dans Destins bretons, il imagine, il le craignait, qu'un jour la France ne s'effondre, ne fasse faillite et que le système trop centralisé n'entraîne avec lui toutes ses composantes. Il voit alors la Bretagne comme un morceau de banquise dérivant sur l'océan et cherchant un continent auquel s'accrocher. À la lueur de l'histoire, il fait le tour du monde pour voir quels liens la Bretagne a tissé avec tel ou tel état et lequel aurait droit à réclamer ce morceau de terre qui s'en va à vau-l'eau. Prétexte peut-être à revisiter l'histoire et les aléas de cette Bretagne qui aurait pu basculer dans telle ou telle corbeille de mariage.

Il se trouve confronté dans ce livre à ses amis, pas toujours d'accord avec ses visions, mais avec lesquels il aimait toujours discuter et confronter les points de vue. Merci à Liam d'avoir entrepris ce travail d'édition qui sans lui serait resté ignoré dans l'ordinateur. Merci aux membres de FUTUROUEST qui sont restés solidaires de leur premier Président même après sa démission. Et merci aux géographes de Bretagne qui ont nourri sa réflexion.

Nicole LAURENT-CATRICE

Novembre 2015

« DÉDICACE »
de Loeiz LAURENT

Le texte présenté ci-dessous fut retrouvé par Nicole LAURENT-CATRICE dans les archives de Loeiz, postérieurement à l'achèvement du livre « Destins bretons ». Nicole a suggéré de l'ajouter en préface car c'est un des rares textes dans lesquels l'auteur se livre, parle du lui-même.

Nous l'avons donc inséré, tel qu'il fut trouvé. Cette « dédicace » était destinée à être en-tête d'un ouvrage resté inachevé sur le fonctionnement du cerveau, la captation et l'interprétation des couleurs, etc.

« Blanche ou noire, mon âme enfantine avait du prix ; mais si mes éducateurs se souciaient de son innocence, ils ignoraient tout de sa forme. Rien à voir, me disaient-ils, avec la flamme dorée illustrant dans un livre de chansons de ma mère le dernier couplet de Malbrough s'en va-t-en guerre : « On vit monter son âme dessus les lauriers verts... » Avide de comprendre, je m'étais promis d'avoir plus tard la clé de l'énigme, imaginant la présence en notre corps d'un espace vide à mouler de l'intérieur. Avicenne en localisant l'âme dans le ventricule frontal de notre cerveau avait déjà eu semblable idée. Je lisais et relisais Voyage au centre de la Terre, doutant des dénégations de ceux qui n'y étaient pas allés voir, et je souhaitais mourir noyé, rêvant de pouvoir ainsi contempler, avant de quitter ce monde, des fonds marins supposés inviolés.

Médecin de marine, initiateur de Victor Segalen sur les sentiers de l'ethnologie et de la drogue, mon grand-père Louis Laurent m'avait précédé. À 35 ans, en 1905, il revint mourant d'Indochine. Mon père, né après son départ, ne l'a pas connu. Sa thèse sur les variations pathologiques du champ de la conscience publiée en 1892 à Bordeaux et Paris, son amitié avec Pierre Janet, ses passages à la Salpêtrière, tout cela je l'ai appris alors que mon intérêt pour l'articulation entre le corps et l'esprit était depuis longtemps éveillé.

Pierre Laurent, mon père, m'avait également précédé dans ses réflexions. Il était arrivé sur le tard à des conclusions étrangement proches de celles exposées par Edgar Poe dans Euréka sur l'esprit : « Si c'était à refaire, me disait-il, je travaillerais sur la physique des objets sans masse. » Ses amis Réginald Oscar Kapp et Lucien Romani, ingénieurs comme lui, partageaient les mêmes questionnements, loin des chemins universitaires. J'eu de mon côté la chance de pouvoir écouter plusieurs années de rang les leçons de Gaston Fessard sur le neurone au collège de France.

Catherine Popov, veuve de Nicolas Popov, bras droit de Pavlov, fit de moi en 1954 à quart de temps son assistant à la Salpêtrière. Elle travaillait sur les conditionnements son-lumière. Chassé à Bratislava par Staline, le couple avec une fille était finalement arrivé à Paris où il avait découvert l'électroencéphalographie alors ignorée à Moscou. À tous je dédie ces quelques pages. »

AVANT – PROPOS

J'ai fait la connaissance de Loeiz lors de la fondation de ce qui allait devenir le Groupe FUTUROUEST – et plus particulièrement son association de recherches sociétales – lors de sa création en Avril 1992. Je faisais partie de la « bande des dix » qui pensaient qu'il fallait utiliser la Prospective pour refaire le monde. C'est d'ailleurs, et bien plus nombreux, ce que nous faisons depuis bientôt 25 ans.

J'ai eu la chance de mieux connaître Loeiz lors de nos déplacements en voiture pour participer aux rencontres de FUTUROUEST dans de nombreux lieux différents de Bretagne. Nous partions de la « capitale » [Rennes] pour aller conquérir l'Ouest.

Circuler avec Loeiz au volant fut un vrai plaisir. Moi qui suis plutôt bavard, je n'avais qu'à écouter, commenter (parfois), et relancer. Il parlait avec passion de sujets très divers. Il était à la fois lancés dans des raisonnements très scientifiques puis des explications fouillis… mais toujours cohérentes. Les mouvements étaient comme nos déplacements, parfois hasardeux. Je me souviens d'une rencontre à Nantes avec conférence organisée en soirée. Pour retrouver la route de Rennes nous avons fait trois fois le tour de Nantes ! Et Loeiz de m'assurer « on va y arriver, le réservoir est plein. » Quel souvenir !

Oui, j'ai eu beaucoup de chance de connaître et de côtoyer Loeiz.

Il m'a appris à douter de tout, c'est-à-dire le doute du scientifique, mais aussi celui du sage. Comme l'a aussi dit un autre membre de FUTUROUEST, Loeiz n'était pas un « savant », c'était un « sachant » qui aimait partager ses connaissances.

Merci. Salut l'artiste.

Alain MOUREAUD
Octobre 2015

INTRODUCTION

Lorsque j'ai fait la connaissance de Loeiz Laurent, alors directeur de l'INSEE Bretagne à Rennes, en Octobre 1991, j'étais bien loin d'imaginer toutes les aventures intellectuelles que nous allions vivre ensemble.

Après mon arrivée en Bretagne en 1988, et une fois mes activités de consultant mises sur de bons rails, je me suis engagé dans ce qui allait donner naissance au Groupe FUTUROUEST.

Depuis les années 1970 je m'étais passionné pour La Prospective et étais abonné à la revue *Futuribles*, créée en 1965. Je fis la connaissance de son animateur, Hugues de Jouvenel, lors d'un colloque parisien en 1983. Nous sympathisâmes. À l'été 1991, je passai le voir à Paris pour lui exposer mon projet : créer un groupe « société civile » régional de réflexions prospectives, appelé à participer aux débats publics, puis plus tard à publier ses travaux, etc. Hugues me donna son accord pour nous aider à démarrer et me fournit ultérieurement une petite liste de Bretons venus se former à La Prospective chez *Futuribles*.

J'avais quelques présupposés en tête. Je savais que la force d'un groupe comme celui que j'imaginais devait reposer sur une forte pluridisciplinarité, d'une part, sur des documentations riches et originales, d'autre part. C'est ainsi que me vint l'idée de solliciter l'INSEE de Bretagne. Loeiz m'accorda très facilement un rendez-vous, ce qui fut déjà une agréable surprise tant il était fréquent de tomber sur des filtres ou des hiérarchies compliquées, grande spécialité française.

Le poème que j'ai écrit pour lui en 2009, paru dans le recueil de poésie *« Smoking No Smoking »* que j'ai publié en Janvier 2010, résume parfaitement la qualité de la relation qui s'est établie spontanément entre nous. [Page suivante] J'ignorais, en pénétrant dans son bureau, que Loeiz Laurent et Louis Ergan avaient été « Prix Futuribles » en 1977 pour leur ouvrage *« Vivre au Pays »*, slogan qui fut longtemps développé par la CFDT (Confédération Française Démocratique du Travail) et par le PSU (Parti Socialiste Unifié) dans les années post Mai-68.

Ma présentation lui plut. Il donna son accord, à une condition…

***

Loeiz est décédé dans la nuit du 05 au 06 Août 2015, dans sa quatre-vingt-unième année.

Le 16 Juillet précédent, il m'avait adressé un courriel dans lequel il me confiait son état de santé très préoccupant et joignait deux pièces de textes, ébauches de ce qu'il voulait produire sous le vocable de « Destins bretons ». Il demandait qui pouvait bien reprendre et achever son travail.

Je fus embarrassé. La thèse de Loeiz, que je connaissais depuis plusieurs années, se résumait ainsi : « Oui à la Réunification de la Bretagne, et nous rejoint qui veut. » Cette approche n'était guère appréciée, l'essentiel des acteurs politiques, militants, universitaires… de ce que l'on nomme l'Emsav – Le mouvement breton, terme générique – sont positionnés à des degrés divers pour la Réunification, point. J'ai forgé moi-même depuis 2006 le concept BRIT – Bretagne Réunifiée Indépendante et Transnationale.

Bref, j'hésitais beaucoup et ne voyais pas à qui confier ce travail.

Le décès accéléra les choses.

Après une nuit agitée (euphémisme tant le choc de sa mort m'a bouleversé), au matin, j'avais pris ma décision et j'en informais sa famille : je relevais le défi et achèverais le travail de Loeiz, à ma manière, évidemment.

***

AUTOMNE 1991

En ce temps-là, Roazhon, Rennes pour les Français
Ne se targuait de « métropole » ;
La ville ne semblait pas la ville
Et je m'y repérais sans grande difficulté.

Il m'avait accordé rendez-vous sans question,
Homme affable au regard malicieux.
Intimidé je fus par ce Breton prestigieux.
Je n'avais pas encore accompli mon Tro Breizh
Laïque.

Concevoir des futurs lui plut immédiatement
Embrasser les ruptures, il trouva ça plaisant,
Jouer dans le complexe le réjouissait.

L'imaginaire celtique venait à moi…

Mon projet prenait forme, s'engouffrait dans l'espace
Des neurones subversifs ;
Nous allions forger des étoiles à n'en plus finir,
Etablir les chemins des hautes hypothèses
Armer un paquebot pour affranchir nos rêves.

Prospective, le mot était lâché.

Représentant l'État dans moult réunions
Il regrettait souvent l'asepsie des propos,
Les élans racornis, les audaces refoulées…

Il dit
Je viens dans l'aventure à une condition :
Que je puisse délirer !

Le chemin que nous allons suivre va s'articuler ainsi : je présenterai des textes de la plume de Loeiz auxquels j'apporterai mes propres considérations. Je n'évacuerai pas les contradictions qui apparaîtront, Loeiz, homme de débat sincère, ne l'aurait pas accepté.

Pour la facilité de lecture, mes commentaires seront rédigés dans une autre police que celle des textes propres à Loeiz. Enfin, Loeiz et moi n'étant pas révisionnistes, la Bretagne dont il est question est intégrale, donc à cinq départements.

LIAM
(Liam Fauchard)
www.futurouest.com

DESTINS BRETONS

2055, Le colloque de Carnac

Texte de Loeiz Laurent publié dans la revue *FuturWest n°04* en Automne 2002. Loeiz l'a signé « Président du CLAR – Comité de Liaison pour l'Action Régionale et locale ».

L'accueil en 2055 d'une exposition universelle en Bretagne est prétexte à développer une utopie touchant la réduction de la durée du travail, l'urbanisme, les modes de vivre ensemble.

L'organisation des loisirs doit aider les hommes à moins travailler ; la hauteur des arbres doit limiter la dimension des constructions ; la fraternité, autant que l'autorité, doit régir nos sociétés.

«Un Breton sur toutes les vagues de l'océan», affirmait Catherine de Sienne à la fin du Moyen-Âge. Prenant acte d'un long passé ouvert sur le monde, le premier geste du Conseil Régional nouvellement élu en Bretagne en 2004 fut de poser la candidature de la région pour l'exposition universelle de 2055. Très rapidement, le Maine, l'Anjou et le nord du Poitou voulurent s'associer à cette initiative. Par terre, par air, par d'immenses sarbacanes sous- marines cheminant entre deux eaux et par paquebots pleins pour les gens moins pressés, les peuples de la Terre viendraient découvrir ce cap armoricain malicieusement placé, par la dérive des continents, au centre des terres émergées.

Mais pourquoi un préavis de cinquante ans ? L'âge moyen des conseillers régionaux était de 55 ans. Bien peu seraient encore valides au moment de l'inauguration. Fallait-il vraiment un demi -siècle pour préparer une telle exposition ?

La réponse était positive. Certes, les invitations au grand public ne seraient pas lancées dans l'immédiat, mais il était dit avec un long préavis que la Bretagne et ses voisins immédiats allaient recevoir. Et les élus avaient compris que le plus important, dans un événement de cette nature, était le temps de sa préparation. Puissance invitante, l'antique Armorique allait devoir vivre cinquante ans d'une étrange discipline. On ne pourrait planter un arbre, restaurer une fontaine, supprimer ou créer la moindre construction ou le moindre cheminement sans songer au regard attendu des autres peuples. L'on ne se demanderait plus *«Quelle Terre allons-nous laisser à nos enfants* ?», perspective quelque peu égoïste, mais *«Quel visage de la Terre allons-nous présenter demain ici à nos invités* ?»

À l'âge du bronze, au Moyen Age, dans les périodes les plus créatives de son histoire, la péninsule armoricaine avait été au cœur des échanges internationaux. Refusant le statut de simple cul de sac périphérique du bassin parisien. Elle voulait retrouver l'univers.

La dispute avait été intense au sein du conseil régional sur le thème et sur la date. Pour les uns, l'exposition bretonne devrait célébrer un siècle de combat mondial pour le retour de la forêt: l'arbre, compagnon à jamais sécurisant de l'humanité; la forêt, source de notre imaginaire et poumon de la terre. *« Pendant des millénaires, le recul de la forêt a pu marquer l'avancée de la civilisation. Aujourd'hui, le retour de la forêt l'accompagne...»* avait pu dire à Chicago le président Pompidou en 1974...

La Bretagne était en 2004 la région la moins boisée de France. De la grande forêt primitive ne restaient plus que quelques lambeaux longtemps surexploités pour les besoins de la Marine et des forges. Les talus bordant les champs avaient pu offrir pendant quelques millénaires à la population le bois de proximité, mais leur arasement avait été subventionné à 80 % dans le cadre des travaux de remembrement initiés par Vichy. *«Où court ce paysan armé d'une tronçonneuse* ?» plaisantait-on parfois, *«Il court abattre le dernier arbre du Léon».*

Aujourd'hui l'espace de circulation des individus n'est plus la commune de jadis. Il a pris, grâce à l'automobile, la dimension du «pays». Les contrastes que l'on trouvait jadis au sein de la commune entre zones peuplées, zones cultivées, parcelles et talus boisés, il faut les installer à présent au sein de ces nouveaux espaces de vie associant les villes et un large environnement rural. L'on doit pouvoir couvrir d'arbres les bassins versants de certains fleuves côtiers, depuis la ligne de partage des eaux jusqu'à la mer. Bien sûr, les bourgs et villages appelés à s'effacer dans les vallées à reboiser ne seront pas privés d'électricité commedans l'ancienne union soviétique ou rasés au bulldozer comme dans l'ancienne Roumanie. On y mettra le temps et les formes. «*Paris ne fut pas fait en un jour*» rappelait le 28 septembre 1598 le roi Henri IV aux députés du clergé, impatients de voir la piété revenir dans le royaume. Il faudra modifier le droit de propriété, la fiscalité foncière. Et puis surtout, il faut laisser aux arbres le temps de pousser. Un siècle ne sera pas de trop pour pouvoir offrir à l'humanité un lieu où célébrer le retour de l'arbre.

Les opposants trouvaient le thème de l'arbre insuffisamment mobilisateur, même si le retour de la forêt commandait le caractère durable de l'ère quaternaire inaugurée par les premiers hommes, même si le culte de l'arbre poussait de profondes racines dans l'imaginaire de l'humanité. Il en était de la forêt comme de la mer, autre thème proposé et faisant lui aussi la part belle aux professionnels. Le thème du village, disaient les opposants, pouvait toucher plus de monde ; le village, dans sa fonction d'intimité et de solidarité, aussi bien que dans son jaillissement esthétique et son insertion respectant la nature.

Pendant des millénaires, l'action d'habiter avait plutôt embelli la planète. Que ne donnerait-on pour voir à nouveau la Lutèce de Louis le Pieux, la Tenochtitlan de Moctezuma au milieu des eaux, l'Athènes de Périclès, la Jérusalem de Salomon ? Or d'humbles villages, sur les cinq continents, prolongeaient ici ou là le miracle. Devaient-ils leur beauté au site, au bras du constructeur toujours deviné dans la réalisation, ou bien à l'absence de règlements, d'architectes, de plans préalables ? L'idée était d'offrir, dès 2004, aux constructeurs du monde entier, un terrain ou plutôt de multiples terrains pour y concevoir et y dresser des villages ou des villes illustrant ou rénovant leurs traditions nationales. Sur un site central, quelque part entre Pontivy et Notre-Dame-des-Landes, les différentes techniques propres à améliorer l'art d'habiter la Terre seraient présentées. La Terre s'enlaidissait et se polluait. Un défi était lancé à l'humanité. Il fallait faire vite. La Bretagne devrait pouvoir présenter dès 2015 les architectures de l'univers...

« Comment implanter correctement des villages dans un territoire dévasté par le remembrement et des routes transformées en supports publicitaires ? N'avez-vous pas honte d'inviter les peuples du monde à découvrir un tel saccage ? » Répliquaient les partisans des arbres. *« Les constructions d'un village ne devraient jamais dépasser en hauteur la végétation existante.* »

Finalement, les partisans des villages l'emportèrent, mais ils acceptèrent d'attendre la date de 2055. Une directive régionale fut votée, subordonnant toute construction à la végétation mise en place. Des sites furent choisis dans tous les pays de Bretagne et des provinces voisines. Dès 2006, les bâtisseurs du monde entier furent invités à les planter, ultérieurement à les construire, à venir y habiter, voire à y créer des activités. La dynamique était lancée. Son cheminement fut assez surprenant. La croissance régionale était au rendez-vous, et une pratique nouvelle vint donner un sel tout particulier à l'aventure.

La semaine de 25 heures

La semaine de travail fut rapidement beaucoup plus courte en Bretagne que dans les grandes métropoles européennes. Pas de maison de week-end à financer quand on habite à quinze minutes de son travail, par autobus ou par automobile électrique, et à moins d'une heure de la mer ou de la forêt, par voies cyclables ou par chemins piétonniers abrités du vent. La fin du chômage européen, acquise par un lent bouleversement du statut des actifs, faisait perdre aux grandes métropoles leur dernier atout : la plus grande probabilité d'y retrouver un emploi en cas de licenciement. Le doublement de la population de la Bretagne était prévisible. Il devait s'accompagner d'une intense création de villes nouvelles, glissées entre les anciennes ainsi respectées.

Métrobreizh assurait par monorail des liaisons fréquentées et rapides entre villes, permettant aux populations armoricaines de cumuler les avantages de la métropole plusieurs fois millionnaire, de la ville moyenne et du village de vacances. Face à un afflux considérable de population, les urbanistes avaient choisi d'accroître partout les contrastes entre un bâti plutôt dense, et un espace agricole ou naturel laissé à la végétation. Dans cette explosion démographique, l'invitation faite aux bâtisseurs du monde entier de venir travailler en Bretagne revêtait une valeur de plus en plus providentielle.

Un peuplement respectant l'environnement naturel incitait au loisir. Cependant, il fallait de puissants arguments pour pousser les Bretons à moins travailler. Ce peuple peut rester immobile durant des heures à regarder la mer, mais pour autant il n'aime pas le farniente. Par chance, il ne manque pas non plus d'imagination. Dopés par la perspective de l'année 2055, les chantiers les plus extraordinaires vinrent rapidement solliciter la population.

C'est ainsi que le grand menhir brisé de Locmariaquer, 20 mètres de long, 300 tonnes, fut recollé puis redressé à la main à grand concours de peuple. La délégation de l'Ile de Pâques, venue pour la circonstance, n'était pas la moins essoufflée.

Les villes bretonnes faisaient assaut d'initiatives. Détruite à la fin du 19e siècle pour laisser passer la route nationale, la grande porte fortifiée de Dinan fut reconstruite en 2018 avec un enthousiasme approchant celui du peuple parisien démontant la Bastille. Les vitraux de la cathédrale de Tréguier, jadis brisés par les gars d'Etampes, retrouvaient, grâce à des ateliers librement inspirés des trésors de Chartres, leur beauté médiévale. Un peu partout, la population se mobilisait pour effacer du littoral toute trace des lotissements intempestifs construits à la fin du vingtième siècle.

Dans les ports, nombre d'hommes partageaient leur journée ou leur semaine entre un travail rémunéré et la reconstruction de nefs de toutes les époques. D'autres passaient leurs loisirs à s'y amariner par tous temps. Elles seraient fort sollicitées en 2055, allant porter les couleurs bretonnes sur toutes les mers et ramenant des invités préférant les routes maritimes au vol direct vers l'aéroport international installé près du site central.

De nombreux Bretons étaient rentrés dans des associations offrant des figurants pour les films tournés en Bretagne. Cela avait choqué au début certains professionnels, mais ils y avaient trouvé finalement un surcroît d'activité. Et puis l'on se souvenait des jours fastes du théâtre populaire en Bretagne, de ces pièces au succès dopé par les interdictions épiscopales et qui pouvaient durer deux jours pleins, de ces acteurs qu'il fallait quérir au bistrot quand c'était leur tour de monter en scène, des enfants qui quittaient bruyamment leur place pour voler au secours de leur père menacé sur scène par les méchants Sarrasins, puis ensuite, des mois durant, des paysans se donnant la réplique à voix forte, d'une colline à l'autre, Moïse contre Pharaon ou Charlemagne contre les fils Aymon. La marchandisation privée ou publique de la culture reculait. Une tradition se réinventait.

Séduits par la clarté de ses lointains après la pluie ou par le mystère de ses brumes sur les eaux, de nombreux réalisateurs de films, tchèques, turcs, japonais, s'étaient installés en Bretagne. Créatrice d'images, l'Armorique retrouvait sa place dans l'imaginaire européen comme au temps où les jeunes Européens pouvaient vibrer aux lais de Marie de France ou vivre les aventures de Tristan et Yseult, d'Yvain homme des bois ou de Brendan le navigateur. Comme au temps des ferveurs provocantes d'un Abélard, d'un Lamennais ou d'un Ernest Renan. Comme au temps du romantisme et des premières anticipations de Jules Verne.

La France n'y voyait plus malice, heureuse de pouvoir exprimer librement dans sa langue ses racines franques, romaines, grecques, phéniciennes, celtiques et depuis peu arabes et berbères. Avec surprise elle se découvrait plus universelle en parlant à plusieurs voix. Longtemps victime d'un complexe quasi tribal de pureté culturelle, le Français réalisait soudain que c'était la diversité de ses aspirations qui portait son pays à l'universel, et que, dans une Europe pacifiée, la France pouvait cesser d'avoir peur de l'ombre de ses composantes.

La joie de vivre bretonne, un certain sentiment de sécurité lié à la multiplicité des villages où l'on se connaît avec retenue avaient attiré en Bretagne centres de recherche et enseignements supérieurs. L'image de qualité liée à cette orientation avait rejailli sur l'ensemble de ses productions. L'industrie du logiciel aussi bien que la salaison en gouttaient les retombées.

C'est dans ce contexte que l'on décida en 2050 d'associer exposition universelle de 2055 et douzième sommet de la Terre. Le lien entre les deux événements n'était pas fortuit. Les thèmes étaient voisins. Eclaté autour d'un site central breton, l'art de construire avec toutes ses composantes écologiques, esthétiques et sociales, préservation de l'intimité et invitation à la solidarité. À Nantes, au palais des congrès rénové, l'art proprement politique de vivre ensemble à différentes échelles spatiales allant du village à la planète en sa totalité. Il s'en fallait en effet que les sommets de Rio (1992) et les suivants aient tout résolu.

L'afflux populaire attendu en 2055 était une opportunité à saisir. Tout au long de la période d'exposition, une écoute des populations serait organisée à Carnac en une sorte de colloque permanent précédant le treizième sommet de la Terre. L'on attendait à ces semaines de remue-méninges un maximum de peuple. Jamais satisfaits, des écologistes anarchisants avaient monté leur propre colloque parallèle à Callac. Le sommet de Nantes devait s'intéresser également à leurs travaux.

La mondialisation des ressources non renouvelables

Bien avant Bénarès, La Mecque, Jérusalem, Rome ou Saint-Jacques-de-Compostelle, Carnac avait été lieu de rassemblements continentaux. Toute l'Europe préceltique devait avoir fait ce pèlerinage avant d'aller rejoindre outre-mort, outre-mer, Tir Na Nog, la terre d'éternelle jeunesse. À défaut, il lui faudrait l'accomplir après sa mort, en avançant chaque nuit de la longueur de son bâton, lequel naturellement se raccourcissait avec l'âge. Des millions de pèlerins avaient donc fréquenté ces lieux dans la préhistoire. Les longues lignes de pierres encore dressées sur la lande avaient gardé souvenir de ces immenses ridées où, serpent unique jamais rompu, symbole de l'éternité, hommes et femmes alternés dansaient en chantant des heures durant. Chaque pierre levée servait de poteau de rassemblement au clan qui l'avait dressée à cette intention. Elle symbolisait toute l'année sa présence sur le site.

Inspirés par d'antiques réflexions d'un Gérard Prémel, certains préhistoriens prêtaient à ces pierres levées par les clans un rôle beaucoup plus important. Leur alignement aurait composé une sorte d'immense arche de Noé cosmique. Chaque été, lors du solstice, le firmament percé d'étoiles risquait de se déchirer au long de la voie lactée. Les pierres dressées étaient destinées à en arrêter la chute. Les plus petites devaient abriter le cheptel. Les clans se rassemblaient autour des plus grandes dans l'attente de l'événement.

À vrai dire, passé la génération des prophètes, l'inquiétude ne taraudait plus guère. Les chants, les danses, la galette-saucisse et l'éventualité d'idylles exogamiques suffisaient à attirer les populations. Le dieu de l'Eugénie y rebattait largement les cartes. Tel était le lieu choisi pour colloquer, avant le douzième sommet de la Terre.

Les précédents sommets de la Terre avaient vu croître la conscience planétaire. Réuni à Chypre, le sixième sommet s'était déroulé dans un contexte dramatique. Une guerre anglo-écossaise avait éclaté, qui n'avait pas retenti seulement des éclats de la cornemuse. Guerre odieuse, déchirant les familles. Les églises avaient réussi à convenir de courtes trêves où l'on pouvait demander des nouvelles des parents ou amis placés par les circonstances dans l'autre camp. Et puis la lutte reprenait, mêlant bravoure et perfidie, clémence et férocité, explications et bourrages de crânes. Enjeu de ce combat: l'appropriation des royalties à tirer de nouveaux gisements pétroliers découverts en Mer du Nord. Cette guerre atteignait les Occidentaux dans leur orgueil. Jamais la vie des individus n'avait été aussi contrôlée. Ils ne pouvaient pas poser le pied hors du lit sans sentir la main de l'État s'appesantir sur les plus petits détails de la vie quotidienne. Il fallait se cacher pour fabriquer son fromage avec des ferments non immatriculés, mentir si l'on voulait échapper à l'inquisition des visites prénuptiales. Et voilà que tous les contrôles avaient disparu. La guerre reprenait ses droits. Une guerre d'autant plus cruelle que s'y affrontaient des enfants uniques.

Peu avant le sommet, un congrès d'historiens africains avait analysé la guerre depuis les débuts de l'humanité. Sous couvert de nobles causes, 90 % des morts avaient péri en réalité pour l'appropriation de ressources naturelles. Guerre du Koweit, du Biafra, du Katanga, du Kurdistan... Si César avait envahi les Gaules, amenant la mort du tiers de leur population et l'enrichissement des survivants, c'était pour mettre la main sur l'étain armoricain, principale source de ce métal pour le monde méditerranéen. Il lui fallait détruire la flotte et la cité des Vénètes, héritière de Carthage dans la maîtrise de ce trafic. Or les peuples n'étaient pour rien dans l'existence des ressources situées sous leurs pieds. D'où provenaient les hydrocarbures de la Mer du Nord ? De la décomposition multiséculaire d'animaux marins? D'un phénomène de volcanisme ? D'un immense aérolithe tombé du ciel ? Sûrement pas des efforts des Ecossais, quel que fût leur sens de l'économie, ni des Anglais...

Inspiré par ces travaux historiques, le représentant de Malte au sommet de la Terre sut trouver les mots pour convaincre. En une sorte de nuit mondiale du 4 août, toutes les ressources du sous-sol, et pas seulement celles des régions polaires et des grands fonds océaniques, furent déclarées ressources mondiales. Sans attendre le renouvellement des concessions, mais en en tenant compte, les exploitants auraient à payer un droit à la communauté mondiale, droit ouvert périodiquement à la surenchère. Les ressources mondiales ainsi dégagées seraient consacrées, primo au rachat des stocks d'armes à prix fort, ce qui faciliterait l'acquiescement des pays pétroliers, généralement bien pourvus en armements de toute nature, secundo à une dotation de développement assise sur un indicateur simple : nombre de ménages recensés moins quantité d'énergie consommée. Les droits d'extraction des énergies fossiles seraient fixés hauts, afin d'encourager l'appel aux énergies renouvelables. Ainsi fut-il décidé. L'appropriation des ressources non renouvelables de la planète cessait d'être un enjeu pour les nations. Comme par miracle, la question écossaise reçut sa solution dans les heures qui suivirent. Quelques mois après, le Kurdistan faisait une entrée remarquée à l'O.N.U., et Nouméa demandait à retrouver le giron français.

Mais la planète s'enlaidissait. Plus que jamais, l'idée d'une exposition universelle sur le thème d'habiter la Terre était jugée heureuse. L'Inde aux 500 000 villages fit même une tentative pour avancer l'exposition de dix ans et la recevoir. Finalement, les Indiens proposèrent avec succès une exposition sur les techniques de maîtrise de la vie psychique. Une dimension à laquelle le 21e siècle attachait une importance croissante.

Habiter solidairement la planète

En monorail, en rollers, en électromobile et même à pied, les nombreux visiteurs de l'exposition avaient pu sillonner l'ouest de la France et y découvrir, selon des itinéraires ajustés aux désirs de chacun, comment un peuple avait pu au cours des millénaires, et particulièrement au cours des cinquante dernières années, habiter la Terre en la respectant. Ils découvraient également les villages créés par mille nations pour l'exposition. Leur implantation tenait compte de la chaleur emmagasinée par le sol pendant la journée, des risques de brouillards matinaux, des facilités d'assainissement, des coûts de distribution ou de collecte, de la nécessaire intimité et des possibilités d'entraide entre voisins. La pierre ou la terre utilisée était celle du terroir, mais le bois et les matériaux les plus nouveaux étaient employés, toujours avec une certaine homogénéité locale. Conformément au règlement régional adopté depuis dans de nombreuses autres régions du monde, jamais n'était dépassée en hauteur la végétation existante. La tradition bretonne toujours vivante du travail de la pierre dans son appropriation collective la plus humble était objet d'émerveillement. Fontaines antiques ou nouvelles à l'eau pure et à la statuaire respectée, chapelles ouvertes au recueillement, passerelles jetées sur les ruisseaux au long des cheminements piétonniers. Matériaux bretons et inspiration japonaise avaient donné ici ou là en ce 21e siècle des résultats plutôt heureux, comme au temps où la statuaire flamande poussait les Bretons à ériger leurs multiples calvaires classés depuis peu au patrimoine mondial de l'humanité.

Les visiteurs avaient découvert sur le site central de l'exposition les dernières contributions internationales apportées à l'art d'habiter. Chaque nation répondait avec des savoir-faire différents à des défis semblables, mais les solutions étaient adaptables, et la domotique avait accompli, en un demi-siècle, d'étonnants progrès.

Et puis ils arrivaient à Carnac. Là, après un temps d'initiation aux pas et aux rythmes, sur des musiques chantées issues de tous les répertoires de l'univers, pieds nus pour respecter la terre, main dans la main, ils se livraient le soir, toutes générations et tous peuples confondus, à une farandole monstre parmi des menhirs libres. Le lendemain, fraternisation ainsi faite, les visiteurs colloquaient sous l'écoute attentive d'observateurs chargés de préparer le sommet clôturant l'exposition. Chacun entendait chacun s'exprimer dans sa propre langue, miracle de l'électronique et de l'invention d'une «langue écran» universelle inspirée de la pratique des idéogrammes chinois... Cette langue accessoirement résonnait. Un congrès mondial de linguistes avait choisi pour la parler les riches sonorités du maori.

« Comment habiter solidairement la planète? » Tel était le thème retenu pour le colloque permanent de Carnac. Jour après jour, les citoyens du monde entier découvrant le site étaient invités à s'exprimer sur l'art de vivre ensemble. Leurs propositions, réécrites chaque soir, servaient chaque matin à lancer de nouveaux débats.

Au début, l'incompréhension fut grande entre les traditions privilégiant l'autorité ou la fraternité, entre celles soulignant la transcendance ou l'immanence de la loi, entre les partisans de la punition des coupables ou de l'indemnisation des victimes. Les pays occidentaux et les pays du sud allaient-ils seulement pouvoir comprendre la diversité de leurs points de vue ?

Les pays occidentaux et leurs métastases s'avéraient marqués par la pensée d'Aristote et de Karl Marx. Du village à la planète, tout espace était considéré comme offert à l'exercice d'un pouvoir souverain. Les visiteurs occidentaux discutaient des mérites respectifs des hommes forts ou des assemblées élues, tout en reconnaissant que les dirigeants les plus puissants ne pouvaient ignorer longtemps l'avis des peuples et des assemblées. Et puis il ne fallait pas oublier le pouvoir proprement administratif, lui-même aux mains de coteries occultes, qu'elles soient issues d'un club, d'un parti ou d'une école d'administration. Ce pouvoir avait sa justification. L'époque des seigneurs de la guerre et des conquérants prestigieux n'avait eu qu'un temps. Des règles de succession rigides avaient pu amener au pouvoir ici ou là des princes irascibles, cruels, fainéants ou faibles d'esprit. Soucieuse de la continuité de l'État, l'administration avait fini par élaborer tout un jeu de règles lui accordant la souveraineté de fait. «Au nom du roi» disait l'archer ou le gendarme en frappant à la porte du noble ou du manant ; «Tel est notre bon plaisir» écrivait le commis ayant la «main du roi» avant de calligraphier la signature de ce dernier. Les rois hier ou les assemblées aujourd'hui ne pouvaient guère peser que sur une infime partie du budget ordinaire de l'État. Il en allait de même au niveau communal. Certes c'était le maire et non le directeur départemental de l'équipement ou le chef des services municipaux qui accordait un permis de construire, mais après avoir été enserré dans un lacis de lois et de règlements qui lui dictait pratiquement son comportement.

Ce règne indiscutable de l'administration laissait l'Occident sur sa faim. Le pouvoir administratif était trop cloisonné pour suivre quelque cap que ce soit. Une population de plus en plus diplômée se satisfaisait de moins en moins de régulations occultes et contradictoires. Les visiteurs occidentaux de passage à Carnac posaient avec insistance la question de la cohérence et de la transparence de l'action de l'État, rêvant d'une introuvable décentralisation dans des espaces pertinents.

Les visiteurs des sociétés du tiers monde venus à Carnac semblaient provenir d'un autre univers. Quand la partie «évoluée» de la planète prônait un empilement hiérarchisé de «systèmes» comportant chaque fois une administration centrale et une périphérie sous tutelle, la partie «primitive», du moins celle restée paysanne, perpétuait une organisation en «réseaux» de taille restreinte, préférant le face-à-face à la mise en fiches et à l'application de normes préétablies. Ils témoignaient d'un monde de solidarités ritualisées, d'entraides non mesurées, de dons et de contre-dons.

Incompréhension, étonnement, découverte mutuelle, chaque journée vécue à Carnac amenait de nouvelles observations, de nouvelles hypothèses, rejoignant parfois les propos entendus au colloque de Callac. Les «systèmes» centralisés semblaient a priori plus aptes à réagir et à entraîner le progrès, mais la confusion des compétences et la concurrence des pouvoirs y engorgeaient le sommet de besognes subalternes ; leur lacis de règles écrites et leur méfiance irrépressible des périphéries les empêchaient souvent d'évoluer. Les «réseaux» semblaient dénués de procédure de renouvellement, mais la multiplicité même de leurs formes témoignait d'une créativité continue.

L'idée germa peu à peu qu'il fallait faire jouer fraternité et autorité dans des espaces différents. Le Nord comprenait que la solidarité n'impliquait pas forcément bureaucratie, fiscalité, exécutif et représentation élue, le Sud que les solidarités de voisinage ne pouvaient pas faire l'économie de circuits plus complexes. Le douzième sommet aurait du blé à moudre.

Et puis les foules étaient reparties. Le sommet de Vannes déroulait ses travaux, prônant le respect simultané des principes de solidarité et de subsidiarité, solennellement rebaptisé principe de responsabilité pour la circonstance. Dans le même temps, les enfants des écoles s'affairaient à réensemencer en vers de terre les landes piétinées de Carnac.

* * *

Commentaires de LF.

Le texte relève de deux domaines distincts et en même temps voisins de la futurologie, l'utopie et l'uchronie. À proprement parler, compte-tenu des fondamentaux de la discipline, il ne relève pas de la Prospective, car il devrait comporter plusieurs scénarios alternatifs probables… et non pas souhaitables.

Utopie car le rêve est autant le propre de l'homme que le rire, arriver à rire en rêvant étant le must. En nous entraînant sur le chemin de Carnac, comme d'autres vont à Saint-Jacques-de-Compostelle, Loeiz veut stimuler notre imagination en regard d'un territoire qu'il chérit, la Bretagne, cette terre celtique où les comportements, les postures, les relations sociales et économiques, les composantes culturelles... démontrent à l'envi que nous ne sommes pas en terre latine.

Les propositions utopiques présentées sont aussi faites pour réagir ; rappelons que le texte fut signé du Président d'un organisme sérieux. Mais je reste dubitatif – je suis pourtant un optimiste indécrottable – devant des considérants franchement éloignés des réalités vécues... et des futuribles lointains. Car si le texte initial date de 2002, je rédige celui-ci en 2015, c'est-à-dire avec un horizon de quarante années jusqu'à 2055. Or, trente ans est l'horizon ultime que l'on accorde à une application crédible de La Démarche Prospective. Il me paraît hélas illusoire d'imaginer un Monde de paix comme celui décrit par Loeiz, au niveau mondial, encore qu'il y ait lui-même situé une guerre anglo-écossaise dans son parcours utopique. Il me semble plus probable que d'ici à 2055, le Royaume Désuni soit devenu une réalité et que l'Ecosse, dans le cadre de l'Union Européenne, soit devenue indépendante. Reste l'hypothèse du Conseil des Iles évoqué par Tony Blair au début des années 2000 qui regrouperait des « autonomies » : L'Irlande réunifiée, L'Ecosse, Le Pays de Galles, L'Angleterre, La Cornouailles, et quelques lieux particuliers comme l'Ile de Man ou Jersey. Ce serait de nature fédérale. Et la Bretagne pourrait aussi y adhérer.

À ce compte, d'autres ensembles de nature fédérale se seraient constitués au sein de l'Union Européenne, leur accrétion permettant alors de concevoir une vraie confédération, c'est-à-dire précisément un assemblage de fédérations.

Uchronie [Que se serait-il passé si... ? Ou bien, que se passerait-il si... ?].

Le film d'animation « Gandahar » de René Laloux (1988) résume bien ce que j'appréhende ici : « Dans mille ans, Gandahar a été sauvée / Il y a mille ans, Gandahar sera sauvée » ; c'est l'enchevêtrement réversible passé-futur.

Dans cette perspective, je trouve plus facilement mon chemin vers Carnac ; sans doute parce que mon expression de poète prend le dessus sur mes raisonnements scientifiques ou mes croyances idéologiques. Et pourtant, Diable sait que je considère notre époque et les décennies à venir comme un combat titanesque entre les croyeurs et les penseurs, entre les obscurantismes – principalement religieux – et la raison.

« L'histoire de l'humanité devient de plus en plus une course entre l'éducation et la catastrophe. »

Herbert George WELLS

Néanmoins, j'estime que mon ami n'a pas tiré toutes les conséquences possibles de ses imaginations. Il sous-estime notamment le pouvoir de la culture d'un territoire dont les composantes relèvent de la géographie, de l'histoire, des modes d'organisation sociale et politique, des tissus socio-économiques, des croyances bien entendu... leur agglomération permettant de montrer que, globalisation ou pas, nous ne vivons pas de la même manière en Bretagne ou en Patagonie. Or ces composantes sont déterminantes pour construire et pérenniser la prospérité d'un territoire. J'y reviendrai lors de l'Epilogue.

De ce fait, je ne partage pas la thèse que Loeiz développe dans « Destins bretons » [page.31], texte qu'il m'a confié trois semaines avant son décès ; mais là aussi, j'y reviendrai en temps utile.

Pour le moment, je résume ma lecture du « Colloque de Carnac ».

Ayant bourlingué pendant près de vingt ans avec lui, principalement dans le domaine de l'aménagement du territoire – fil rouge que FUTUROUEST Recherches a choisi lors de sa fondation et que nous avons gardé depuis car il permet de toucher, d'observer, de supputer, voire de prévoir, des évolutions dans tous les domaines de la vie humaine -, la simple difficulté (euphémisme) étant de « boutiquer », comme il se dit en Bretagne, les différents paramètres pour en dégager des tendances probables qui aient du sens, qu'elles nous plaisent ou pas.

De cette tour de guet, je constate qu'il y a dans ce Pays, la France, une telle tolérance envers le haut au détriment du bas, une vénération du *« top down »* au détriment du *« bottom up »*, qu'il m'apparaît difficile voire illusoire de croire que des réformes notables, prenant en compte les tendances lourdes de la société européenne, puissent venir des dirigeants politiques et administratifs d'un État ventripotent où les prébendes des uns et des autres prennent régulièrement le pas sur les sauts qualitatifs qu'il faudrait opérer pour maintenir et développer notre prospérité. À ce titre, un colloque de Carnac accompagné d'une exposition universelle est vraiment une utopie et plus seulement une uchronie. Ou alors, mais cela ne fait pas partie des attendus retenus, la Bretagne aurait bénéficié au niveau mondial d'un « parapluie diplomatique » composé de plusieurs États bienveillants et au fonctionnement politique opposé au jacobinisme français, ou alors d'une grande puissance ayant définitivement émergé, la Chine par exemple... ou la Russie ?

Je suis aussi très réservé vis-à-vis des révérences portées au « Développement Durable » - en réalité *Sustainable Development*, ce qui ne signifie pas la même chose. Le concept de SD, inventé au milieu de la décennie 1980 fut forgé par les Pays du Nord pour baiser les Pays du Sud, avec l'indécence folle de priver des milliards de Terriens des bienfaits du progrès à base scientifique : niveau de vie matériel, éducation, santé, culture, loisirs, etc. Et les mantras sur le changement climatique vinrent inespérément renforcer cette orientation géopolitique, alors que nous sommes confrontés à une évolution puissante intrinsèque à la Terre – à laquelle il faut se préparer, évidemment, et de manière très diversifiée selon les lieux – dans laquelle les misérables actions des hominidés ne pèsent quasiment rien ; les rapports de puissance entre les Terriens et Gaïa sont dans un rapport de 1 à 10^{30}. Soyons humbles... et reprenons l'effort de penser plutôt que la facilité de croire, vivifions la pédagogie de l'intelligence versus la doctrine de la peur.

Reste un exercice hautement salutaire produit par Loeiz : la lecture de son texte booste les connexions neurones-synapses de notre cerveau, ce qui lui aurait plu. Il était par ailleurs, du fait de sa formation première en biologie, passionné par les travaux (déjà en cours, du temps de Goethe) sur la manière dont les couleurs se formaient, s'agençaient, se nuançaient... dans notre cerveau. De ce point de vue, c'est réussi.

Avant d'entreprendre l'escalade vers les « Destins bretons » [P.49], nous allons faire un détour par un texte de recherche publié par un autre ami du Groupe FUTUROUEST, Fabrice Layer.

* * *

LE FUTUR DES COLLECTIVITÉS LOCALES

Texte de Fabrice Layer

Nous sommes en 2025, et à 53 ans le Président de la Communauté d'Agglomération, du grand La Rochelle va dans quelques jours démissionner de son mandat, touché par le cumul des mandats, après son élection au Sénat. Après un mandat de député et deux mandats de Président de la Communauté d'Agglomération, il laissera sa place à un élu plus jeune qui aurait fait ses preuves en tant que Maire d'Arrondissement et adjoint aux finances de l'Agglomération. Le paysage institutionnel local est totalement différent de celui que nous connaissons actuellement ; le cumul des mandats d'exécutif local et de parlementaire est interdit. Les élus locaux ne peuvent exercer plus de deux mandats consécutifs ; les Régions sont au nombre de dix. Le Département a disparu. Le régime applicable en 2005 aux seules villes de Paris, Lyon et Marseille a été étendu aux Communautés d'Agglomération et aux Communauté de Communes. Les compétences des collectivités ont été redéfinies en vertu des principes de subsidiarité et d'efficacité. ■

Cette fiction institutionnelle peut paraître lointaine et pourtant elle est tout à fait plausible. Notre système de gouvernance est aujourd'hui ubuesque, bureaucratique, fait de doublons de compétences et toujours à la recherche de l'échelon pertinent à l'heure de la compétition européenne.

Plusieurs échelons et non des moindres font l'objet de critiques et semblent menacés par les évolutions juridiques et économiques récentes, à savoir les Communes et les Départements. Héritières de la révolution française, ces deux entités sont confrontées à l'émergence de deux nouvelles structures, les Etablissements Publics de Coopération Intercommunale (EPCI) issus des lois successives [1992 et 1999], et les Pays créés par la loi du 4 Février 1995 et généralisés par la loi « Voynet » de 1999. Dotées de compétences telles que les Communautés de

Communes et d'Agglomération sont aujourd'hui les fers de lance de l'aménagement du territoire local et du développement durable. De même, les Pays qui regroupent les périmètres des intercommunalités ont le rôle de développeurs économiques et de facilitateurs de projets des territoires.

Parallèlement, les Communes sont confrontées à de lourdes charges de fonctionnement, alors que les compétences qui ont été à l'origine des recrutements des années 1970-1980 ont été transférées aux Intercommunalité au début des années 2000. Les Départements sont quant à eux confrontés à une véritable question existentielle : comment justifier leur place quand la Région devient l'aménageur du territoire avec les Pays et au moment où l'action sociale exige de plus en plus de proximité. La réponse à cette question devient, de plus, délicate au regard de la perte de représentativité du Conseil Général. Ce dernier, bien que son élection soit indiscutablement la plus représentative de l'idée de démocratie directe, voit sa légitimité diminuer, plus particulièrement dans les zones urbaines ou périurbaines qui regroupent la majeure partie de la population française. La Région n'est pas à l'abri de la critique. Concurrencés par des Euro-Régions telles que la Catalogne, la Lombardie ou l'Ecosse, le petit Poitou-Charentes ou la modeste Basse-Normandie font figure de nains politiques et économiques aux rôles mal définis.

Comment ces diverses collectivités pourraient-elles évoluer et rendre plausible le scénario fiction que nous évoquions plus haut ?

Le premier échelon qui serait susceptible de connaître de profondes mutations est incontestablement la Commune. Au nom de la continuité historique, de la fidélité aux découpages issus de la Révolution française et de l'attachement des Français à l'identité com- munale, cette spécificité française, fréquemment dénoncée, n'a jamais été remise en cause de manière directe. Conscient des risques de blocage, le législateur a préféré contourner la difficulté en donnant une dimension nouvelle aux EPCI : adieu les SIVU, SIVOM, Districts et Communautés Urbaines, bienvenue aux Communautés de Communes et Communautés d'Agglomération. Petit à petit, en raison du développement de leurs compétences, de la constitution d'équipes dirigeantes jeunes, dynamiques et techniques, et du caractère concret de leurs réalisations, ces Communautés ont acquis une véritable légitimité auprès des citoyens. Par voie de conséquence, la désignation indirecte des dirigeants de ces structures est vite apparue injustifiée, au point que dès la discussion de la loi relative à la démocratie de proximité, le principe de l'élection au suffrage direct des dirigeants d'Intercommunalité est envisagé. Repoussé devant la levée de boucliers du lobby communal (ayons enfin le courage de désigner les choses par leurs noms) en 2001, puis plus discrètement en 2002 à l'occasion des assises des libertés locales, cette révolution est pourtant attendue par des citoyens qui comprennent de moins en moins que ceux qui exercent les responsabilités ne soient pas désignés directement, et comble du paradoxe ne soient pas tit ulaires d'un mandat concerné par la législation sur le cumul, mais d'une fonction qui peut être exercé par un député-maire ou un président de département sénateur ! Deux réformes sont pourtant inéluctables à moyen terme : l'élection des Présidents des EPCI au suffrage universel direct et la qualification de mandat de leur poste. Cette évolution entraînera nécessairement une réforme beaucoup plus vaste qui remodèlera en profondeur le paysage local : la transformation des Communes en Arrondissements des Communautés de Communes et d'Agglomération. Appliquée avec succès à Paris, Lyon et Marseille, cette formule permet à la fois de maintenir l'attachement à l'identité locale (les mairies, véritables maisons du peuple, subsistent avec de réelles compétences dans les domaines de l'état civil, de l'aménagement des quartiers, de l'attribution des logements à loyer modéré) et de donner une véritable direction à un échelon territorial cohérent, compétent pour la détermination des grands axes. Politiques (Plan Local d'Urbanisme, grands investissements, Plan de Déplacement Urbain). Si nous examinons l'évolution actuelle qui combine le transfert progressif de compétences et des personnels de catégories A et B des Communes vers les EPCI, force est de constater que petit à petit, aussi bien en milieu urbain qu'en milieu rural, les Communes sont d'ores et déjà réduites à gérer l'État civil, les espaces verts, et la voirie secondaire. Le phénomène intercommunal, très développé dans l'Ouest, se généralise et la mutualisation des moyens gagne les Communes plus riches de l'Ouest de la France. Bientôt la ville de Beaune en Bourgogne connaîtra les mutations auxquelles ont dû faire face il y a près de cinq ans les Communes du Choletais, du Nord Deux-Sèvres ou de la Saintonge. La transformation du paysage communal à l'horizon 2013 est donc tout à fait envisageable, et il y a fort à parier qu'après l'acte II de la décentralisation,

lancé au début du second mandat de Jacques Chirac, un acte III sera nécessairement mis en œuvre par le futur Président de la République, quelle que soit sa couleur politique.

Le second échelon, qui devra faire face à une déchirante réforme, est incontestablement le Département. Structure adaptée à une France rurale du 19e siècle dominée par les notables, la France du seigle et de la châtaigne stigmatisée en son temps par le général de Gaulle, le Département ne correspond plus à la France moderne, urbaine et périurbaine caractérisée par une situation sociale tendue où l'urgence domine. Trop lourd, éloigné du terrain pour l'action sociale de proximité, trop étroit géographiquement et trop limité financièrement pour concevoir de grands projets d'aménagement, ne disposant plus de légitimité du fait du développement de l'abstention et la de méconnaissance des Conseillers Généraux, le Département perd progressivement sa raison d'être. L'apparition des Pays aux compétences multiples (développement économique, action culturelle, tourisme) et identifiables du point de vue institutionnel comme en témoigne la communication offensive de certains, sonne le glas du Canton et du Département.

Les lois Pasqua et Voynet ont fait émerger un nouvel espace politique et administratif qui aspire par le bas les compétences départementales. Le Conseil Général ne devra bientôt sa subsistance qu'à la gestion des collèges et à l'action sociale. Or cette dernière devient de plus en plus complexe et va exiger une plus grande proximité. Certains Conseils Généraux tentent de répondre à ce défi en multipliant les antennes ou les relais. Il ne s'agit pourtant que d'une réponse temporaire qui ne résistera pas aux faits.

En effet, la meilleure réponse consistera à transférer, en temps utile, l'action sociale de proximité aux nouvelles Intercommunalités. Déjà certains C.C.A.S intercommunaux se font jour. Bénéficiant d'une meilleure connaissance de la population, ces structures donneront à l'avenir des réponses plus rapides et plus satisfaisantes aux besoins sociaux de plus en plus pressants dans notre Pays. D'autre part la montée en puissance de la région au titre de ses compétences en matière d'aménagement du territoire et d'éducation va créer une véritable pression sur le Département. Les Conseils Généraux ne peuvent déterminer de grandes politiques d'aménagement du territoire. La prise en compte des flux de transports, qu'ils soient routiers, ferroviaires ou fluviaux ne peut se faire que dans une perspective régionale, au risque de favoriser le saupoudrage ou l'inefficacité.

La situation actuelle nous fournit déjà des exemples concrets du caractère préjudiciable de l'émiettement des structures. C'est ainsi qu'il a fallu attendre près de vingt ans pour qu'une desserte routière décente existe entre les deux Charentes et les villes d'Angoulême et de La Rochelle !

Le Département va donc se retrouver, à l'horizon 2012, pris en tenaille entre une structure trentenaire ayant atteint l'âge de raison et une légitimité politique, la Région, et un espace politique en plein développement proche des réalités locales, les Pays secondés par les intercommunalités. Une réforme constitutionnelle sera certes nécessaire pour supprimer une collectivité vieille de plus de deux cents ans et disposant de solides relais au sein du Sénat, mais la nécessité de répondre à l'enjeu de la gouvernance territoriale exige un minimum de courage politique et d'ambition.

Ne pas entreprendre cette démarche reviendrait à se contenter d'un rôle de notaire de la République alors qu'il faut être des entrepreneurs de l'action publique dans la compétition internationale pour l'attractivité.

Si une telle réforme était entreprise, la problématique de la légitimité se poserait pour les Pays en des termes voisins de ceux auxquels doivent aujourd'hui faire face les Intercommunalités. Un mode de désignation démocratique des membres des Pays devra être mis en œuvre. Il pourrait d'ailleurs s'agir d'une formidable opportunité pour redonner vie aux Cantons, en les adaptant au contexte démographique contemporain. Pour ce faire, il faudrait redécouper les Cantons et organiser la désignation des représentants cantonaux le même jour que les élections des Conseillers Municipaux et des Maires d'Arrondissements. Les délégués cantonaux de pays auraient ensuite pour mission d'élire en leur sein un exécutif du Pays.

Disposant de solides atouts et d'une reconnaissance institutionnelle et politique, la Région ne fera pas l'économie d'une mutation importante. Si sa légitimité en matière d'aménagement du territoire, d'action éducative ne saurait être remise en cause, sa dimension géographique et son poids financier ne sont pas comparables avec ceux des régions européennes. Plus de vingt ans après son élévation au rang de collectivité territoriale, nous devons reconnaître que la région ne constitue pas un espace pertinent, que cela soit du point de vue géographique, du point de vue historique ou du point de vue économique et financier.

Certaines régions, Poitou-Charentes, les Pays de La Loire, n'ont aucune légitimité historique. D'autres, la Basse Normandie, la Haute Normandie, la Bretagne ont été découpées de manière arbitraire pour casser le régionalisme. Certaines, Midi-Pyrénées, le Languedoc- Roussillon, doivent établir des partenariats avec des Euro-Régions beaucoup plus vastes et disposant de compétences beaucoup plus étendues avec des moyens financiers conséquents. La taille actuelle des Régions ne leur permet pas de faire face aux défis de ce début de 21e siècle.

À l'heure où nous devons réaliser les autoroutes de la mer, comment justifier les difficultés que nous rencontrons pour fusionner les ports autonomes de Nantes et La Rochelle, pourtant complémentaires ? Si le mode de désignation des Conseillers Régionaux et de l'exécutif régional ne doit pas être remis en cause (il assure à la fois la stabilité régionale et la représentation des territoires), le découpage territorial ne peut rester en l'état. Le législateur devra donc redéfinir le découpage régional en s'efforçant de créer dix Régions, correspondant aux réalités historiques (il ne faut pas avoir peur d'une vraie Bretagne ou d'une Normandie réunifiée) et répondant aux exigences de l'espace pertinent (La Rochelle et Angoulême appartiennent à Poitou-Charentes et n'ont pas du tout les mêmes pôles d'attirance économique (Nantes pour l'une, Bordeaux pour l'autre). En mettant vraiment l'imagination au pouvoir, et en prenant en compte les réalités historiques et économiques, il donnera une plus grande cohésion aux territoires et aux dynamiques politiques.

De telles mutations sont aujourd'hui en germe et un élément important favorisera l'émergence de cette recomposition territoriale, avant toute action législative: la dynamique contractuelle. Les mécanismes des contrats de Pays, des contrats de territoire, des contrats d'Agglomération, et les partenariats entre Régions sont déjà en train de modifier notre perception des territoires et les habitudes de travail des collectivités. Petit à petit, les contrats créent des synergies impensables il y a dix ans et préfigurant l'évolution de la décentralisation.

Last but not least, cette recomposition des territoires devra s'accompagner d'une modification des fonctions. N'oublions pas que les institutions font souvent les hommes et engendrent des comportements. La gouvernance locale contemporaine est caractérisée par le cumul de mandats nationaux et locaux auxquels s'ajoutent des fonctions de Président de Pays ou d'Intercommunalité.

Au nom du sacro-saint lien entre la Nation et les territoires, nos élus sont soit des législateurs assis sur circonscriptions fiefs, soit des élus locaux VRP de leurs territoires. Le pouvoir législatif y perd, que ce soit en qualité, comme en témoigne la pauvreté contemporaine du débat législatif, et, de son côté, la politique des territoires est plus l'apanage de la haute fonction publique locale que du politique.

Autre effet pervers du système contemporain, la décentralisation a favorisé l'émergence d'une nouvelle féodalité élective étouffant les initiatives sur les territoires et empêchant l'expression des talents. La répartition des pouvoirs doit être repensée et seule une véritable interdiction du cumul de fonctions exécutives locales (nous avons bien dit fonctions et non mandats !) et de responsabilités nationales permettra de disposer de décideurs locaux dévoués à leurs territoires et concentrés sur le développement local. D'autre part, la question cruciale de la limitation des mandats dans le temps devra également être abordée. Si deux mandats de six ans permettent d'inscrire l'action dans la durée, on peut légitimement se demander s'il est sain de voir le pouvoir se concentrer près de vingt ans dans les mêmes mains.

Le futur des collectivités territoriales est un enjeu de premier ordre pour notre pays. Si nous voulons réussir la transformation de notre société et adapter notre modèle aux défis de l'Europe, de la métaruralité, du développement durable et de l'aménagement du territoire.

Fabrice Layer Docteur en Droit
Ancien Chargé de cours des Facultés Ancien Collaborateur Parlementaire
Délégué Général d'une fédération professionnelle.

* * *

Commentaires de LF.

Le texte de Fabrice apporte des éclairages complémentaires à l'utopie de Loeiz. Rappelons qu'il fut publié en Eté 2005 – Revue FuturWest N°15.

Je lui reconnais bien des approches judicieuses.

Néanmoins, il y a un point sur lequel je suis en désaccord avec lui, et de facto avec Loeiz comme exprimé précédemment, c'est la question de la taille des Régions : c'est une fausse question par excellence qui provient du matraquage des « élites » parisiennes dont la DATAR.

Est-ce qu'on se pose la question de la taille du Land de Brême ? Du Val d'Aoste ? Du Luxembourg ? Du Danemark ?

De L'Islande ? De L'Irlande ?... Ce sont pourtant, données factuelles, des espaces largement bien positionnés en termes de prospérité et de niveaux de vie quantitatifs et qualitatifs.

L'essentiel est de réunir sur un territoire – en partant de ses composantes géographiques, historiques, économiques, culturelles... - les ingrédients de nature à booster sa prospérité. Il est évident que lorsque les dirigeants de la « Région » Bretagne annoncent l'accès au Haut-Débit pour le numérique pour tous... en 2030, on croit rêver devant une telle ignorance. En Suède, depuis 2000 (depuis 2000 !), l'accès est à 50 Mbits/s partout et 100 Mbits/s dans les Agglomérations.

Les chercheurs norvégiens (Norvège : 4,5 Mhab) détiennent le record mondial de dépôt de brevets opérationnels pour la période 2000-2010. Des entreprises israéliennes sont leaders mondiales en matière de médicaments génériques, de cybersécurité, etc.

Small is beautiful...

Voir en épilogue.

Et maintenant, place aux « **DESTINS BRETONS** » rédigés par Loeiz Laurent entre 1995 et 2015, qu'il me confia (avec une annexe reprise de son livre « Petits Départements et grandes Régions »).

* * *

DESTINS BRETONS

Le texte présenté ci-après, à l'exception de mineures corrections orthographiques, est intégralement repris du texte que Loeiz Laurent m'a confié le 16 Juillet 2015.

* * *

DESTINS BRETONS
OU FANTAISIES SUR L'HISTOIRE DE BRETAGNE

Quand les Bretons ne savent plus à quel sein se vouer (sur fond d'une Marianne seins plats) / à quelle suzeraineté se raccrocher (sur fond de planète ; source Atlas de Bretagne)

Sous l'un ou l'autre de ces titres, et compte tenu des dangers qui menacent l'avenir d'un État dont nous sommes étroitement solidaires, il me semble opportun de rappeler aujourd'hui aux Bretons, sur un mode éventuellement humoristique, que la Bretagne a toujours été terre internationale. Bien des États sous le soleil sont aujourd'hui habilités à en revendiquer la tutelle, que ce soit par droit de conquête ou par libre détermination des intéressés. La tutelle franque nous convient, mais elle ne doit pas nous empêcher de respirer et d'exprimer la profonde volonté de bien employer son temps caractérisant notre peuple. Toujours prêts à embrasser une noble cause, les Bretons sont avides de travailler aux redressements qui s'imposent. Il serait dommage qu'ils s'entredéchirent pour savoir qui les gouvernera de Paris.

Cette promenade internationale à travers nos ayants droit sera prétexte à rappeler bien des épisodes de notre histoire, comme à témoigner de la vision du pouvoir en général et de la Bretagne en particulier qu'exprimaient nos ancêtres. Reste à choisir un fil directeur pour un tel discours. Ce pourrait être le compte rendu d'une mission de recherche envoyée dans tous les azimuts par le Président Le Drian, l'UDB, Bernadette Malgorn ou l'Institut de Locarn craignant l'effondrement de l'actuel pouvoir central et cherchant une issue. Il pourrait s'agir aussi des actes d'un colloque de joyeux juristes internationaux ayant choisi en 2011 la Bretagne après avoir fait en 2010 le choix d'Ibiza, une île également longtemps disputée.

L'île de Sercq

Avec ses 600 habitants campant sur 5 kilomètres carrés, l'île de Sercq n'en est pas moins apte à revendiquer la souveraineté de la Bretagne, simple suite à la donation de la Bretagne à Rollon par le roi de France Charles le Simple. On a prétendu que le roi de France n'en était pas propriétaire et qu'il aurait simplement dit à Rollon *« Allez chez le voisin »*. Qu'importe ! Aux yeux des Normands, la Bretagne fut alors considérée comme normande. Ses bibliothèques furent intégralement détruites à l'exception de quelques manuscrits partis avec les moines bibliothécaires et copistes sur les routes de l'exil. D'un récit racontant les navigations transocéaniques de Brendan, alors anciennes de 250 ans, on n'a gardé qu'une version écrite de mémoire à la hâte, au bord des routes, abrégeant tous les mots et utilisant des chutes de plus en plus petites de parchemin. L'original avait été laissé aux flammes des nouveaux arrivés. Un colonisateur, s'il veut passer ultérieurement pour un civilisateur, se doit d'effacer les traces des cultures antérieures. *« Ils font le désert et appellent cela la paix »* disait le chef écossais Galgacus en évoquant l'invasion romaine. De fait, certains Normands considèrent aujourd'hui que leurs ancêtres ont civilisé la Bretagne...

Les droits de la Normandie sur la Bretagne n'ont jamais été oubliés. Passée inaperçue dans les troubles de l'année 1789 où elle fut publiée sans nom d'auteur, une histoire de la Normandie précise que si ses ducs rendaient hommage au roi de France, ce n'était pas pour la Normandie, puisqu'ils la tenaient par conquête, mais pour la Bretagne uniquement. Forte de contingents bretons représentant le tiers de ses troupes, le Normand Guillaume le Conquérant a conquis l'Angleterre ou plutôt l'a libérée des Saxons, conformément à la prophétie de Merlin.

Avec la capitulation de Rouen le 24 juin 1204, face aux troupes du roi de France Philippe-Auguste victorieuses à

Château-Gaillard, la Normandie cesse d'être État souverain, laissant sa colonie «anglaise» émancipée de fait. Toutefois, les droits de la Normandie sur la Bretagne restent intacts. Peuvent-ils être relevés ? Oublié avec Jersey, Guernesey et Aurigny dans la capitulation de 1204, il reste au large de l'Armorique un confetti de Normandie indépendante suffisamment grand pour asseoir une souveraineté : l'île de Sercq. Cette île peut revendiquer la Bretagne comme sienne.

Voici quelques années, la reine Elisabeth invitait en son palais de Buckingham tous les chefs d'État du Commonwealth. Après s'être enquise de sa place à table, et ayant appris qu'elle se trouvait tout au bout, quelque part entre le gouverneur de Gibraltar et celui des Malouines, la dame de Sercq refusa d'y participer : *« En toute légitimité, c'était à moi de présider le banquet, la reine à ma droite »*. En droit international, la Grande Bretagne doit hommage à Sercq. La Bretagne également.

Le Vatican

Avec 700 habitants sur 44 hectares, le Vatican peut faire prévaloir des droits tout aussi valables et certainement plus antiques que ceux de l'île de Sercq. Ils résultent en effet de la donation au pape de l'empire d'occident par l'Empereur Constantin. Certes le texte qui nous est parvenu est un faux, reconnu comme tel par la papauté, mais un faux qui exprimerait une réalité, un peu comme le « Tuez -les tous, Dieu reconnaîtra les siens » mis dans la bouche de Simon de Montfort à Béziers. Cette réalité, nos ancêtres y ont cru, à commencer par Alain Bouchard en ses grandes chroniques de Bretagne.

En ses chroniques destinées à la duchesse Anne, Alain Bouchard raconte comment Constantin, grand roi de Bretagne, ayant été élu empereur, quitta Londres pour Rome avec sa mère Hélène, laquelle allait exhumer plus tard à Jérusalem les restes de la vraie croix. Représentée en robe d'hermine et tenant la croix, Helaine orne le second livre des chroniques en compagnie de saint Gicquel, alias Judicaël, saint Salomon, saint Donatien, saint Rogatien et sainte Ursule ainsi que des sept saints de Bretagne, Samson, Malo, Brieuc, Pater, Corentin, Tugdual et Paul. Aucune nation d'Europe n'était en mesure d'aligner une telle densité de saints parmi ses princes et ses prélats. Alain Bouchard raconte comment, la 17e année de son règne, atteint de la lèpre, après avoir entendu la catéchèse de la bouche même du pape Sylvestre et jeûné pendant sept jours, l'empereur Constantin, entièrement nu, fut baptisé en la piscine du palais de Latran. Guéri, Constantin rassembla rois, princes et autres seigneurs de son empire présents à Rome. Avec leur consentement, il donna au pape pour lui et ses successeurs son empire romain d'occident. Sur ses épaules, et en l'honneur des douze apôtres, il porta douze couffins de terre hors des fondations de la future église édifiée sous ses fenêtres en l'honneur de saint Pierre et saint Paul. Ayant donné au pape son palais de Latran, son riche diadème d'or et tous ses riches vêtements avec toute la gloire de sa puissance, il quitta Rome pour établir son siège impérial à Byzance en Bithynie, cité qui de son nom fut appelée Constantinople. Les papes laisseront rois et princes gouverner leurs peuples, mais il leur reviendra de conférer en occident couronnes impériales et royales.

Le pape confère les royautés. Ainsi, après avoir réduit Paris par une horrible famine et abjuré le protestantisme en 1592, Henri IV fut déclaré par le pape apte à régner en France. En 1493, pour sauvegarder la paix dans la péninsule ibérique, le pape Alexandre VI accorde à l'Espagne toutes les terres découvertes ou à découvrir à cent lieues à l'ouest des îles du Cap-Vert, et au Portugal celles à l'est. En 1494, il arbitre dans le même sens. En 846, c'était aussi auprès du pape également que Nominoë s'était tourné pour faire reconnaître sa souveraineté sur la Bretagne. « *Ayant recouvert par force d'armes les possessions du royaume de Bretagne, depuis 71 ans sous l'obéissance des Français* », il avait envoyé Conwoïon à Rome, premièrement « *pour avoir permission de reprendre et porter les insignes royaux que les rois de Bretagne avaient auparavant portés* », deuxièmement « *pour déposer les évêques de Bretagne installés par Louis le débonnaire alors que le pays était occupé par tyrannie, évêques convaincus de donner la prêtrise contre argent* ». Mais des émissaires français l'ayant précédé à Rome, Conwoïon s'entendit dire que Nominoë ne pouvait pas reprendre les attributs royaux de ses pères, l'anneau, les manchons, la verge, le sceptre, le manteau de pourpre et le diadème. Nominoë fut néanmoins couronné roi par l'archevêque de Dol, inaugurant près de dix siècles d'indépendance ou de relative autonomie dans des cadres normands ou français. Ainsi racontait-on l'histoire au temps de la duchesse Anne.

Il appartient aussi à la papauté de déléguer le pouvoir impérial. Ainsi fera Léon III le jour de Noël de l'an 800 au bénéfice de Charlemagne, après l'avoir vu étendre son pouvoir sur tout l'occident. Dix siècles plus tard, le 02 Décembre 1804 à Paris, un petit Corse restaurateur du même empire recevra lui aussi du Pape sa couronne impériale, se chargeant de la poser lui-même sur sa tête.

L'Eglise médiévale a une préférence pour les princes élus. Un prince héréditaire sera toujours tenté de se croire propriétaire de son peuple. Un prince élu sait qu'il en est serviteur et qu'il doit en rendre compte. Ainsi les empereurs d'occident ont-ils été pendant des siècles désignés par un collège d'électeurs puis sacrés par le pape.

Si elle vient de Dieu, même chez les païens, l'autorité des princes, aux yeux de l'Eglise, découle du péché. Le mal étant présent dans le monde, une force est nécessaire pour s'y opposer. Qu'il tienne son pouvoir de l'hérédité ou de l'élection, le prince est là pour abaisser les mauvais et élever les bons, défendre les opprimés, les veuves et les orphelins, prohiber les voies de fait et les larcins, détruire les pervers, les parricides, les parjures et ceux qui ne laissent venir sur la terre leurs propres enfants, ne pas souffrir la cruauté et défendre l'Eglise et ses ministres. Homme, il n'échappe pas au péché et l'Eglise peut le condamner comme elle peut condamner ses propres serviteurs. Dans les fresques médiévales représentant le jugement dernier, évêques et têtes couronnées figurent dans le cortège des damnés.

Naturellement les empereurs et les rois acceptent mal cette subordination du pouvoir temporel au pouvoir spirituel. Il faut voir comment leurs légistes (Landry p. 184) soutiennent avec les arguments les plus surprenants la prééminence de l'empire. Le Sauveur n'aurait pu naître à Bethléem si Rome n'avait pas ordonné un recensement et Jésus n'aurait pu verser son sang pour notre rachat s'il n'avait été arrêté à Jérusalem par un détachement de la légion romaine puis condamné à la crucifixion par un préfet romain. Sans Rome, il n'y aurait eu ainsi ni Incarnation, ni

Rédemption. Conformément aux vœux des légistes, il revient à l'empereur de nommer les évêques et convoquer les conciles. Le clergé n'est que fonctionnaire du sacré. Il lui faut rendre à César ce qui est à César, à commencer par les biens d'Eglise. Celle-ci n'a pas été fondée en effet pour gérer un patrimoine foncier. Au 13e siècle, (Landry p. 155) [Note LF = Référence non trouvée] propose que l'Eglise confie partout la gestion de ses biens à l'État et se contente d'une rémunération convenable, lui permettant notamment de secourir les pauvres. La Constitution civile du clergé donnera en 1790 chair à cette utopie médiévale. En fait, depuis longtemps déjà, le clergé de France est fonctionnarisé. Trop enclins à recevoir de Rome leurs directives et légitimant le meurtre des tyrans, les jésuites ont été expulsés en 1762. Evêques et abbés sont nommés par le roi. Curés et recteurs sont chargés depuis François 1er de tenir les registres d'état civil. Ils font après la messe lecture publique des décrets royaux puis des décrets de la Constituante. Le clergé français ne respecte les directives de Rome que si elles sont entérinées par le parlement du roi. Cela l'autorise à entrer en masse dans les loges maçonniques au 18e siècle alors que le pape l'interdit. « *L'Eglise est dans l'État* », proclame Armand Camus en présentant à la Convention le projet de Constitution civile du clergé, projet approuvé dans les régions gallicanes par la quasi-totalité du clergé. On a peine à imaginer, vu la suite des événements, l'enthousiasme ayant alors traversé le bas clergé. Dans les églises, le français ainsi promu sur l'ensemble du royaume va pouvoir remplacer le latin. Une messe solennelle inaugure les sessions des toutes nouvelles assemblées départementales. C'est aussi une messe qui, le 14 Juillet 1790, solennise sur le Champ de Mars, en présence de la famille royale et des gardes nationaux, le premier anniversaire de la prise de la Bastille. Louis XVI en avait demandé la démolition. Louis XVIII honorera la facture. Un grand mouvement de foi soulève la nation et conforte la monarchie en asseyant son autorité sur le peuple. Ce sont des chrétiens qui proclament les droits de l'homme et construisent l'ordre nouveau.

Un coffret contenant un jeu de dominos a été offert au Dauphin, le futur Louis XVII. Conservé au Musée Carnavalet, il est en marbre de la Bastille et porte l'inscription suivante :

De ces cachots affreux, la terreur des Français,
Vous voyez les débris transformés en hochets.
Puissent-ils en servant aux jeux de votre enfance,
Du peuple vous prouver l'amour et la puissance.

Hélas, ce bel enthousiasme achoppe dans nos campagnes armoricaines pour une affaire de serment. Le regard tourné vers Rome, le bas clergé armoricain ne se voit pas réduit au statut de fonctionnaire, amené à jurer fidélité au roi, à la loi et à la nation. Au début, le conflit n'est que de pure discipline. Les prêtres refusant le serment sont considérés comme n'ayant rien compris. La population d'une paroisse angevine assiste-t-elle dans une chapelle isolée à la messe d'un prêtre réfractaire, c'est fort chrétiennement que les gardes nationaux partent avec un maçon pour en murer les portes. Ils en ont sorti la statue de la vierge. Chantant des cantiques, ils la ramènent en procession à l'église paroissiale, dressée sur un brancard. Ayant installé parfois de force le nouveau clergé dans les presbytères, les gardes nationaux assistent à ses messes.

L'Église est dans l'État, nous dit le père de la Constitution civile du clergé. Loin d'une séparation, c'est une confusion. En échange de la nationalisation de ses biens, bientôt privatisés pour renflouer les caisses, elle devient nationale. Pour avoir moins de curés à rémunérer, l'on préconise la fusion des communes. Hanvec et Le Faou par exemple. La Bretagne connaîtra ainsi, au fond de la rade de Brest, l'une des premières révoltes populaires contre la Révolution.

La souveraineté absolue de l'État a un autre nom : **le totalitarisme**. Le refus du serment tourne au drame. La répression est atroce. Donner asile à un prêtre réfractaire suffit à vous envoyer à l'échafaud. Napoléon mettra fin aux persécutions et indemnisera les victimes, mais il obtiendra finalement ce qui avait été refusé par les prêtres réfractaires : une Eglise soumise à l'État. Groggy, le pape accepte avec soulagement un statut qu'il avait refusé. L'Eglise de France demandera la séparation à la fin de la Restauration, puis prendra goût à l'intégration, renâclant même lorsque le pouvoir lui imposera la séparation en 1905. Cette séparation, comme la loi sur les associations qui l'avait précédée en 1901, était un sérieux accroc à l'idéologie jacobine de la souveraineté absolue de l'État. Avant la séparation, le pouvoir pouvait priver de ses émoluments un vicaire faisant le catéchisme en breton et proposer que l'on n'admette à la première communion que les enfants parlant français. Après la séparation, il ne le pourra plus. Résumé : avec le Concordat de 1801, l'Eglise retrouve ses biens mais l'État rémunère le clergé, ce qui permet de le tenir en laisse, pouvant priver de rémunération les vicaires faisant le catéchisme en breton. Les lois de séparation de 1905 inverseront la donne, le clergé n'est plus rémunéré mais les églises et les cathédrales avec leurs vases sacrés deviennent propriétés des communes ou des départements.

Faire ses Pâques est aussi important pour un chrétien que pour un musulman faire le ramadan. Or les prêtres ayant refusé le serment ont été arrachés à leurs paroisses. En Loire-Inférieure, ils ont été regroupés au chef-lieu. L'on est en pleine saison de travaux agricoles et l'on ne peut prendre du temps pour aller au chef-lieu à pied ou en carriole. Mieux vaut se confesser au prêtre réfractaire resté sur place et caché.

Le 20 septembre 1996, Jean-Paul II fut accueilli en Bretagne comme aucun chef d'État ne le fut jamais, pas même Henri IV en 1498, Napoléon III en 1858 ou de Gaulle en 1960. La météo eut beau annoncer ce jour-là « *des pluies présentant un caractère assez continu le matin au Nord de la Loire et des averses dans l'après-midi ; des éclaircies tenteront alors de se développer du Sud de la Bretagne à la Vendée* », 150 000 personnes venues de la Bretagne et de ses marches convergèrent vers Sainte-Anne d'Auray où un soleil brillant succéda à une nuit étoilée. « *Merci à Sainte Anne* » devait lancer Jean-Paul II qui confia par la suite que sa rencontre en Bretagne avec les jeunes ménages fut le moment le plus fort de son pèlerinage en France. Certes, le pape n'a nulle envie de revendiquer des droits quelconques sur la Bretagne, mais il s'est exprimé en breton, rappelant par là au peuple breton qu'il existe, et à l'État qu'il se doit à tous sans exclusion. (cf. Landry, 52) [Note LF = Ibidem]. On peut aussi exploiter Kerboul (Constantin et la fin du monde antique).

Le Royaume-Uni

La dame de Brocéliande donnant congé d'un an au chevalier Yvain, lequel veut rejoindre Arthur dans l'île de Bretagne, s'entend répondre : « *Dame, ce terme est bien long. Si je pouvais être colon, toutes les fois que je le voudrais, je serais bien souvent avec vous.* » De fait, l'Armorique est alors colonie britannique. Les Bretons de l'île de Bretagne, à la langue identique au gaulois comme l'indique Jules César, et comme le montrent les prêches de saint Germain d'Auxerre dans la grande île, sont d'abord venus en Armorique à la demande des empereurs romains, pour défendre son littoral contre les incursions des peuples du nord. On les trouve également sur la Loire en défense des Wisigoths et sur le Rhin en défense des Germains. Aux 5e et 6e siècles, lorsque la pression saxonne se fait forte dans l'île, ils coloniseront l'Armorique et s'établiront également en Galice, promontoires avancés dans la mer Celtique. *(Erreur, colon voulait seulement dire paysan, sédentaire, opposé à chevalier errant).*

À l'image des ***Pilgrim Fathers*** quittant la vieille Europe pour rejoindre le continent américain, les Bretons quittant l'île de Bretagne cherchent en Armorique une terre où vivre pleinement leur foi. À en croire les écrits de Gildas sur la décadence des Bretons, tout est pourri dans la grande île, la noblesse, le clergé et le tiers état. Des villages entiers prennent alors la mer, guidés par des moines défricheurs. Leurs bateaux sont de bois et de cuir, lestés d'auges en pierre portant le mat ou permettant la cuisson d'aliments. Des chemins de roulement à travers la Cornouaille britannique et la forêt armoricaine permettent d'échapper au contournement périlleux de ces deux péninsules. Livrés aux vents et aux courants, ils débarqueront surtout sur le littoral nord, comme le montre la densité de leurs implantations, et quelques-uns échoueront en Galice.

Trouvant dans la péninsule armoricaine une terre singulièrement dépeuplée par suite de la baisse des activités minières et maritimes, ils coloniseront le pays de façon remarquable en articulant lieux d'autorité, le *ker*, le *plou*, l'*eskopti*, et lieux de fraternité, *trèves* regroupant les *ker* et *pagi* regroupant les *plou*. Selon une pratique universelle chez les colonisateurs, les Bretons de l'île de Bretagne passés en

Bretagne-Armorique reprennent les désignations géographiques de leur pays d'origine : Cornouaille (Cornwall), Domnonée (Devon), Landeleau (Landelow)... et naturellement Bretagne (Britain). Dès lors la Bretagne insulaire va prendre nom de « Grande-Bretagne », l'Armorique étant « Petite-Bretagne » ou « Bretagne Armorique ». Selon un édit du roi Edouard le Confesseur signalé par La Villemarqué, les Bretons d'Armorique doivent être considérés en Grande Bretagne comme de véritables citoyens, « *sicut probi cives* ». Ce texte aurait pu être ressorti à l'époque où les citoyens britanniques bénéficiaient d'un contrôle différent à leur entrée dans l'île ou quand les pêcheurs bretons se faisaient arraisonner pour avoir pêché dans les eaux britanniques. Aucune décision royale n'étant venue abroger la loi d'Edouard le Confesseur, **tout Breton semble habilité de nos jours à pouvoir réclamer un passeport britannique.**

Ne pas oublier, à l'orée du 13e siècle, 48 années de suzeraineté anglaise : en 1164, Geoffroy, fils du roi d'Angleterre Henri II devient duc de Bretagne par mariage ; en 1212, c'est Pierre de Dreux, petit-fils du roi de France Louis le Gros qui s'assoit sur le trône.

Si la Bretagne Armorique doit à l'origine de son peuplement de pouvoir prétendre relever de la souveraineté britannique, ce n'est pas le seul argument. Jusqu'en 1800 en effet, les souverains britanniques ont conservé parmi leurs titres ceux de rois et reines de France. Et cela devait bien, peu ou prou, concerner la Bretagne Armorique. L'affaire prit naissance avec Edouard III, roi d'Angleterre, écarté en 1328 de la couronne de France au profit de Philippe de Valois, et authentifiant ses prétentions par les prophéties de Merlin, fort populaires à l'époque (Bellamy, Brocéliande, II 553). Certes, les souverains britanniques ont perdu la guerre de Cent ans, et c'est au nom d'une autre prophétie du même Merlin que la population des Gaules fut incitée à suivre Jeanne d'Arc pour chasser les Anglais, mais en matière de succession, qui dit que la guerre est le dernier mot ? Jeanne d'Arc d'ailleurs n'accorde pas de valeur à la prophétie qui la concerne : « *Il y a aussi un bois nommé le bois Chesnu que l'on voit de la porte de mon père, raconte-t-elle, il n'en est pas à une demi-lieue... Quand je vins vers le roi, aucuns me demandaient si dans mon pays il n'y avait point un bois appelé le bois Chesnu, parce qu'il y avait des prophéties qui disaient que des environs de ce bois viendrait une pucelle qui ferait des merveilles... Je n'ai pas ajouté foi à cela.* » (Bellamy, Brocéliande, II 552) Le texte de la prophétie est en effet fort obscur.

Naturellement on pourrait également parler des droits de la Bretagne sur la Grande-Bretagne occupée par les Angles et les Saxons. La prophétie de Merlin sur le retour d'Arthur évoque la question. La crainte anglaise de sa réalisation – la conquête de Guillaume n'ayant pas suffi - explique l'assassinat du jeune Arthur de Bretagne, noyé en 1203 à l'âge de seize ans. Mais ceci est une autre histoire et il ne s'agirait pas tant des droits de la Bretagne sur la Grande-Bretagne que d'une reconquête, à l'image de la reconquête de la péninsule ibérique à partir du réduit cantabrique ou de la reconquête de la France imaginée par De Gaulle en 1940 à partir du réduit breton.

Vaine imagination ; si la Bretagne, toute française qu'elle était, avait été libre d'importer du charbon gallois, nous dit Maurice Allais, qui rédigea à Nantes le traité qui lui valut le prix d'économie de la Banque de Suède, elle aurait disposé de l'énergie la moins chère de France et d'une forte industrie, notamment d'armement. Ce ne fut pas le cas, d'où l'impossibilité de s'appuyer sur un réduit breton pour contrer les allemands en 1940. Contrainte par des droits de douane dissuasifs de faire appel au charbon français, elle avait avec l'Aquitaine l'énergie la plus chère. Sans industrie, et pas plus que l'Afrique du Nord, elle ne pouvait servir de base de reconquête contre les Germains. D'où l'autre solution imaginée par Pierre Monnet : fusionner purement et simplement la France et la Grande-Bretagne. Un acte fut préparé. De Gaulle voulait qu'il soit signé sur le sol breton. Mais les Anglais avaient montré peu de temps avant leur volonté de mettre la main sur le Maroc. Ils y assuraient en parallèle avec la France le service des Postes, assurant ainsi le secret des correspondances subversives, et y finançaient les mouvements indépendantistes. Certains dans l'armée ne l'avaient pas oublié. Les Français eurent peur que la fusion des deux Empires – Paris étant occupé – ne tourne à leur détriment. Gagner contre les Allemands, oui, mais pas à n'importe quel prix !

Chester Vilmot, correspondant de guerre australien, dans le tome 1 de *La lutte pour l'Europe* traduit en 1964, raconte cette période. Inquiet de la prise par l'Union Soviétique de territoires promis à l'Allemagne, satisfait d'avoir mis la France à genoux en quelques semaines mais craignant de voir sa flotte et son gouvernement traverser la Manche, peu désireux de devoir affronter l'Empire britannique, il souhaite une paix de compromis avec l'Angleterre. D'où ses hésitations à Dunkerque ayant permis le rembarquement de 225 000 soldats anglais. D'où son désir de ne pas pousser la France à bout.

Et ce fut l'acceptation de l'armistice, bloquant la marche allemande vers la Méditerranée et le Sahara français. « *Pour moi, Montoire constitue la plus grande défaite de toute la politique allemande vis-à-vis de la France. Nous n'y avons rien obtenu, et presque tout perdu de ce que nous avions. Nous n'avons pas réussi à gagner la France à notre cause, ni à occuper le territoire français tout entier. S'il n'y avait pas eu Montoire, il n'y aurait probablement pas eu non plus de débarquement allié en Afrique du Nord, ni notre débâcle là-bas* », déclare un témoin allemand (Von Renthe-Fink, délégué spécial diplomatique du Führer auprès du Maréchal, interview donné à *La Libre Belgique*, 1er et 2 nov. 1947).

Cas peut-être unique en France, l'église de Montoire comporte au sud de la nef un vitrail ayant pu inspirer la méditation du chef de l'État un certain 24 octobre 1940 : Saint Louis de France (hermines, fleurs de lys et couronne d'épines...) face à saint Henri le germanique...

Il est étrange que de fortes frontières naturelles, la Manche, les Alpes, les Pyrénées, nous séparent des autres peuples d'origine celtique ou latine alors que la frontière avec Angles, Saxons ou Germains se fasse en terrain plat. Cette plus grande perméabilité favorise en Europe la prépondérance du couple franco-allemand. Le couple franco-britannique depuis des millénaires n'en a pas moins de forts fondements.

Texte du projet de déclaration
Extrait du second volume de *La Deuxième Guerre mondiale* de Churchill.
DÉCLARATION D'UNION

À cette heure fatidique de l'histoire du monde moderne, les gouvernements du Royaume-Uni et de la République française font cette Déclaration d'union indissoluble et de résolution inébranlable dans leur entreprise contre l'asservissement à un système qui réduit l'humanité à une vie de robots et d'esclaves.

Les deux gouvernements déclarent que la France et la Grande-Bretagne formeront désormais, non plus deux nations, mais une union franco-anglaise.

Aux termes de la constitution de l'Union, les organismes (131) de la défense, des politiques étrangère, financière et économique seront communs.

Tout citoyen français accédera immédiatement à la nationalité britannique. Tout sujet britannique deviendra citoyen français.

Les deux pays partageront les responsabilités concernant la réparation des dommages causés par la guerre, sur n'importe quel point de leurs territoires, et les ressources des deux pays seront réunies pour être également consacrées à cette fin.

Pendant la guerre, il y aura un seul cabinet de guerre et toutes les forces de l'Angleterre et de la France, terrestres, navales ou aériennes, seront placées sous son autorité. Il gouvernera de l'endroit le plus approprié. Les deux Parlements seront formellement associés. Les nations de l'Empire britannique forment déjà de nouvelles armées. La France conservera ses forces disponibles sur terre, sur mer et dans les airs. L'Union fait appel aux États-Unis pour augmenter les ressources économiques alliées et pour qu'ils apportent leur puissante aide matérielle à la cause commune.

L'Union consacrera toute son énergie à la lutte contre la puissance ennemie, quel que soit le champ de bataille.

C'est ainsi que nous vaincrons.

Le général De Gaulle me déclara que l'idée d'une telle union naquit dans l'esprit de M. Monnet, lequel lui avait demandé, puisqu'il allait à Londres discuter les problèmes de transport, d'amener Churchill à convaincre le gouvernement britannique de donner son accord, à faire une proposition ferme au Conseil des ministres français présidé par M. Reynaud, et qui se trouvait alors à Bordeaux. La proposition fut faite et rejetée. Comme l'a écrit Churchill : « *Rarement proposition si généreuse fut reçue de façon plus hostile.* » (Maréchal MONTGOMERY, THE PATH TO LEADERSHIP. Texte français d'Anik HARDIN : LES VOIES DU POUVOIR Pages 115-135 : LE GÉNÉRAL DE GAULLE).

L'Espagne

Napoléon pillant les archives espagnoles a ramené un curieux document de quelque 300 pages datant des guerres de la Ligue et justifiant les droits de l'infante d'Espagne sur le duché, si convoité, de Bretagne. Ce document, dont nous avons dû garder copie en nos archives [françaises], a été rendu aux espagnols par Giscard d'Estaing. L'enjeu était important si l'on en croit cet extrait d'une lettre du Morlaisien Yves Gourmil à Philippe II reproduit en 1990 en tête de l'Atlas de Skol Vreizh. « *Il n'y a membre en tout l'Occident de si grande importance pour le regard des affaires générales du monde que... la possession de la Bretagne, pour autant qu'elle est située, comme un centre au milieu de sa circonférence, tant par mer que par terre, entre tous les États de l'Occident, à savoir Espagne, France, Angleterre, Irlande, et tous les Pays-Bas* ». On doit à ce même Yves Gourmil, ancêtre possible de Fanch Gourvil, une belle image de la Bretagne comme « gargouille de l'Europe », vibrant avec le continent et en amplifiant les secousses. On lui doit aussi un étonnant projet de débarquement hispano-breton en Angleterre peu de temps après la destruction de l'invincible armada. La flotte constituée dans le plus grand secret à partir des vaisseaux restant en Espagne et des navires présents dans les ports bretons se serait abîmée en mer, nous dit le maréchal de Rieux, sous les yeux des habitants du Conquet.

Il faudrait être là beaucoup plus disert sur le personnage de Mercœur, gouverneur pour le compte du roi de France, pendant les guerres de la Ligue, puis lieutenant général de Philippe II. L'infante d'Espagne aurait été couronnée à Rennes Duchesse de Bretagne si la ville n'avait pas été aux mains des partisans d'Henri IV.

Les États-Unis

Restons sur l'Atlantique. La demande du président Wilson en 1919 de faire de la rade de Brest la tête de pont de l'Amérique en Europe fut reprise en 1942 par le préfet Quenette dans « *La Bretagne dans la France du Maréchal* » : « *Brest, dont la situation privilégiée a fait concevoir de vastes espérances pour la liaison par paquebots et hydravions avec l'Amérique du Nord* ». Elle mérite d'être rappelée en ces temps de reconversion difficile des activités de cette ville. Clémenceau avait répondu non, la vocation militaire de la rade excluant toute autre fonction. Dans son désir d'abattre l'Autriche, Clémenceau a sur la conscience les millions de morts entraînés par la prolongation de la guerre de 14-18 ainsi que la résurgence hitlérienne et ses méfaits. La marginalisation de Brest, alors plus peuplée que Rennes, est certes un moindre péché. On s'étonnera seulement qu'il ait son boulevard dans cette ville. Les Vannetais n'ont pas de rue Jules César, eux. Plus récemment, les Américains cherchant en Europe un port d'éclatement pour leurs super-porte-conteneurs ont préféré s'intéresser à Cherbourg puis retenu l'Angleterre.

Là aussi, on laissera de côté les prétentions bretonnes sur les Amériques, nous limitant à signaler que l'île de Brésil apparaît au large des côtes bretonnes sur les cartes médiévales, et que les traditions indiennes recueillies sur ces terres au 16e siècle par le chevalier de Léry pourraient bien témoigner de visites antérieures, voire contemporaines des destructions normandes. Les connaissances maritimes n'étaient pas nulles au

Moyen-Âge et c'est le monde parisien qui fait preuve aujourd'hui d'obscurantisme. Les textes médiévaux sur les pôles sont superbement ignorés et même contredits dans l'exposition qui s'est tenue au jardin des plantes sur les expéditions polaires au milieu des années 90. En particulier ces vers de la Vie de Merlin datés du 12e siècle : « *La terre est divisée en cinq régions : celle du milieu est inhabitable à cause de la chaleur ; on évite les deux extrêmes qui sont froides ; les deux intermédiaires sont tempérées et ont des habitants* » (Bellamy II 414).

On peut aussi regretter que les Malouins n'aient pas jugé bon de s'interposer entre les Anglais et les Argentins à propos des îles Malouines. Ils se seraient payé une belle publicité en proposant de servir d'arbitres.

On pourrait rappeler le rôle de La Rouërie dans la guerre d'Amérique. On pourrait enfin traiter des USA de tout autre façon, après avoir parlé de la France. Il ne s'agirait plus d'une revendication de suzeraineté justifiée par l'histoire mais d'un projet d'annexion pour le futur.

Ar Falz en octobre 1965 présente en couverture une photo de l'Ile Longue (?) avec la légende suivante : « *Les Bretons laisseront-ils installer chez eux les BASES ATOMIQUES qui entraîneront immanquablement, en cas de conflit, LA DESTRUCTION DE LEUR PAYS ? Ce ne sont pas seulement ROSCANVEL, CAMARET et BREST qui sont menacées mais TOUTE LA BRETAGNE.* » (Rien d'autre dans la revue). De fait, en cas de conflit, il ne resterait plus grand chose de la Bretagne occidentale. Les plans d'accueil de réfugiés prévoient qu'on n'enverra personne en Finistère. Je ne sais s'ils prévoient un repli en Haute Bretagne des populations bas-bretonnes. Toujours est-il que la charge atomique nécessaire pour rendre inutilisable la base sous-marine de l'Ile Longue est considérable. La bombe qui détruira Brest et la Basse-Bretagne sera américaine, disait Pierre Laurent. Seule façon d'y échapper, l'annexion. Toute la question est de savoir si la France, en cas de demande, se conduira comme la bonne ou la mauvaise mère du jugement de Salomon. Là est la question. Et si la France réintégrait l'OTAN ?

L'Autriche

Changeons de direction avec les prétentions possibles d'Otto de Habsbourg à la couronne bretonne. Elles ressortent des lois fondamentales du duché, lesquelles rendaient possible le règne d'une femme, disposition imprudente, comme on le vit avec la nécessité de marier Anne, puis sa fille, mais cela reste ainsi. À propos, qu'est devenue la correspondance diplomatique entre Anne de Bretagne et son premier époux, Maximilien d'Autriche ? Charles VIII dut dédommager Maximilien de la rupture de ce mariage non consommé et du retour de sa fille Marguerite, amenée en France et fiancée à Charles à l'âge de trois ans. Il en coûta au roi les comtés d'Artois et de Bourgogne.

L'Autriche en 1914 est un État multiethnique comme la Suisse. Un embryon de l'Europe des Nations. Une anomalie majeure pour les tenants du principe de nationalité, principe à usage externe dans une France où l'on s'acharne à effacer tout marqueur ethnique, principe s'imposant dans les cercles éclairés de la franc-maçonnerie française et internationale. De là le meurtre du prince héritier d'Autriche à Sarajevo en Bosnie-Herzégovine et la guerre qui s'ensuivit. Pour mémoire : le 28 Juin 1914, L'archiduc François-Ferdinand, héritier du trône d'Autriche-Hongrie, et son épouse, Sophie de Hoenberg, en visite à Sarajevo, sont assassinés par un nationaliste serbe de 19 ans, Gavrilo Princip. Cet attentat met le feu à l'Europe, alors divisée entre la Triple Alliance (Autriche-Hongrie, Allemagne et Italie) et la Triple Entente (France, Royaume-Uni, Russie). L'Autriche-Hongrie déclarera la guerre à la Serbie le 28 Juillet 1914 et le conflit entraînera la Grande Guerre (Durée 4 ans / 8 millions de morts). De là aussi la prolongation de la guerre en 1916. L'Autriche demandait la paix. Pour la balkaniser, il fallait prolonger la guerre. Quelques centaines de milliers de morts en plus y pourvoiraient... Mais s'il faut en croire la *Libre parole* du 25 septembre 1917, le Kaiser se pensant alors victorieux aurait désigné dès le mois d'août 1914 pour ceindre la couronne ducale de Bretagne l'un de ses fils, le prince Adalbert.

Les manœuvres visant à exclure la langue bretonne des cours de récréation et le costume breton des locaux scolaires ayant jeté par la suite certains Bretons dans les bras des Allemands, l'épisode longtemps exploité fut de courte durée. Hitler ayant préféré au démembrement de la France la collaboration avec l'État français, c'est finalement de Vichy que viendront les mesures répondant aux souhaits des Bretons désireux de demeurer dans un cadre français, enseignement de l'histoire et de la langue, création du comité consultatif de Bretagne, émissions radio en langue bretonne, projet de Constitution rétablissant la Bretagne dans ses limites historiques, etc. (sur le dernier point, voir Bancal) [Note LF = Référence non trouvée].

Roger Faligot raconte toutefois qu'avant l'armistice, la première chose que firent les Allemands à leur arrivée en Bretagne fut de se précipiter dans une abbaye bretonne pour y demander le texte du contrat entre Anne et Maximilien. Après trois heures de vaines recherches, les Allemands repartirent bredouilles, mais quid de ce document ?

L'abbaye qui l'abritait devait être celle de Boquen, sépulture du Prince Gilles de Bretagne. Né à Plouguenast en 1883, abbé de Pamié en Savoie depuis 1923, Dom Alexis Presse s'y installa en 1936, travaillant avec quelques compagnons à la relever de ses ruines. À sa mort, en 1965, la seule contrainte imposée par l'évêché à son successeur, Dom Bernard Besret, sera de ne pas servir de base arrière au mouvement breton. Comme il l'écrivait le 4 octobre 1941 à Herry Caouissin, Dom Alexis souhaitait faire de Boquen « un véritable Haut-Lieu de l'esprit breton ». Il avait été blessé dans sa jeunesse par l'interdiction de faire le catéchisme en breton et avait longtemps rêvé de relever de ses ruines l'abbaye de Landevennec. Optant pour Boquen, il y avait accueilli nombre de reliques de saints bretons parties en Gaule lors des invasions normandes et l'avait dotée d'une bibliothèque de tout premier plan. Sa partie bretonne sera dispersée par les religieuses ayant pris le relai de Dom Bernard Besret.

Le 26 septembre 2006, sous le numéro 108, fut vendue 400 € dans une salle des ventes de Rennes une généalogie de la *Maison de Champagné en Bretagne* par Charles d'Hozier. Des *pièces manuscrites sur l'histoire de cette famille originaire de Bretagne* y avaient été jointes. Parmi elles, le fameux contrat. Maître des forêts du duc François II et fidèle compagnon de ses chasses, un Champagné avait pieusement conservé ce texte concernant la petite orpheline... Ce livre fut acheté puis remis en vente quelques semaines plus tard, mais sans le dit contrat. Qu'est-il devenu ?

http://www.war-raok.eu/War_Raok/Textes/Entrees/2012/2/11_Dom_Alexis_Presse,_un_moine_a_contre-courant_(1).html

Un décret stipule que le catéchisme, l'enseignement scolaire, les prédications devront se faire en français, et non plus en breton : c'est un tollé, car la majorité de la population n'entend que le breton. L'usage du breton est également interdit à l'école laïque. C'est ainsi toucher au plus profond de l'âme d'un peuple. Il est donc évident que cette guerre faite à sa foi, à la langue de son pays va durablement blesser l'âme religieuse du jeune Alexis Presse, et orienter l'esprit de son sacerdoce... En 1941, au verso de la carte postale qui illustre cet article, il écrivait au directeur du journal pour la jeunesse bretonne, « Ololê », qui n'était autre que Herry Caouissin, et qui lui en proposait le patronage, *« Vieux tenant de la cause bretonne, puisque en 1902, déjà, je manifestais de toutes mes forces devant la Préfecture de Saint-Brieuc aux cris de « Vive la Bretagne, la Bretagne aux Bretons ». Je suis toujours très heureux de m'associer à ce qui a pour but de promouvoir le bien de la Bretagne, sous quelque aspect que ce soit. Boquen, sépulture du Prince Gilles de Bretagne n'a jamais eu d'autre blason que l'hermine, n'est-ce pas là une indication pour me confirmer en mon souhait d'en faire un véritable Haut-Lieu de l'esprit breton (04/10/1941). »* [Erwan Houardon]

La Suisse

M. Joseph Martray, secrétaire général du CELIB – Comité d'Etudes et de Liaisons des Intérêts Bretons -, a fait à Paris une conférence sur le régionalisme économique. La réunion était organisée par la Jeunesse Etudiante Bretonne. Au cours de la discussion qui suivit, Gérard Toublanc rappela les demandes faites par la Suisse en 1923 et 1933 afin de pouvoir utiliser le port de Nantes pour ses transactions maritimes, ainsi que les refus opposés chaque fois par Paris. La Suisse dut se rabattre sur Hambourg, mais n'a pas abandonné pour cela son désir d'une liaison avec Nantes (*Le travailleur breton* n°1, mai 1955). Paris a bien vu dans la demande suisse un début, une amorce de souveraineté suisse sur une portion du territoire breton. C'était naturellement tout à fait inacceptable. Paris a donc dit non.

L'Italie

Et l'Italie ? Il est au sud des Pouilles un sanctuaire implanté au lieu d'embarquement des âmes pour l'au-delà, fonction alors partagée avec les rivages de l'Armorique. Des constructions de pierre, les « trullos », encore habitées de nos jours, fraîches l'été et ne craignant pas la vermine, pérennisent dans les Pouilles l'architecture de Barnenez en Bretagne. Passant vos vacances dans un trullo transformé en gîte dans la campagne de Carovigno, vous pouvez rêver de jumeler ce gros bourg avec Kervignec ou Kerviniou. Manifestement, nous fîmes jadis partie d'un même empire.

Il y a aussi le Nord de l'Italie, et cette inscription antique découverte à Vannes, dans une langue parente de celle attestée à Venise. Ainsi les Vénètes, principal peuple armoricain à l'époque de Vercingétorix enfant, étaient d'origine italique. Faux ? Vrai ? Strabon à l'inverse prétend que ce sont les Vénètes d'Armorique qui ont créé Venise au nord de l'Adriatique... Claude Champaud, lui, voit une parenté entre Phénètes (Phéniciens) et Vénètes. On imagine en effet difficilement qu'une telle puissance maritime, capable selon Jules César de mettre sur mer des centaines de puissants navires de chêne, aux voiles de peaux et aux chevilles en fer de la grosseur d'un pouce, soit née de migrants venus du bassin du Danube.

Passons donc sur les droits de Venise. L'Italie centrale en effet est entrée dans la course. Si la guerre donne des droits, ceux de Rome restent intacts. La flotte vénète étant immobilisée au large de Vannes par un calme plat, les galères romaines manœuvrées à la rame, fabriquées dans les chantiers de Prigny chez les Pictes, eurent raison de l'indépendance vénète et armoricaine. Elève de Bertrand d'Argentré, Roch le Baillif ne vit de Vannes au 16e siècle que les « *magnifiques fondements* » (Bellamy II 192). Comme Carthage, Vannes devait être détruite. Sénateurs, armateurs, capitaines, tous furent massacrés. Les droits de Rome ont été ainsi si bien établis que les modernes édiles de Vannes ont pu célébrer récemment le 2000e anniversaire de leur ville en la datant l'année de sa destruction. Il faut être déjà bien colonisé dans sa tête pour considérer sa ruine comme le début de sa prospérité.

Israël

Dans les années cinquante paraît-il, alors que s'installait l'État d'Israël, certains Juifs voyaient mal comment pourraient cohabiter pacifiquement en Israël deux peuples amoureux d'une même terre. D'autant que le Tout Puissant n'avait pas donné le signal du retour à Jérusalem. Pour eux le peuple juif demeurait voué à cohabiter dans des États qui ne seraient point leurs. D'où l'idée d'étudier systématiquement les affinités du peuple juif avec les autres peuples. Des profils innombrables furent réunis et des diagnostics de compatibilité établis. Conclusion : c'est avec les Bretons que nous nous entendrions le mieux. « *Impossible !*, me dit un jour André Chouraqui, le Maire de Jérusalem de passage à Rennes, *cette étude n'a pu exister. Jamais plus nous ne quitterons la terre d'Israël. Comment aurions-nous pu mettre un tel sujet à l'étude ?...* » Et pourtant, je n'ai pas rêvé.

L'Égypte

Pour si étonnant que cela puisse paraître, on ne saurait passer sous silence la piste africaine. Aucune allusion ici à la façon dont des mercenaires gaulois, révoltés contre Ptolémée Philadelphe, faillirent prendre le pouvoir en Basse-Egypte au 3e siècle avant Jésus-Christ. Migrants avec chariots, femmes et enfants, précédés de leurs chevaux et de leurs chars de guerre, les Gaulois avaient défait l'armée grecque puis réussi à s'emparer de Delphes, site pourtant réputé imprenable. 1 500 000 livres d'or et 110 000 livres d'argent avaient été ramenées par une partie de l'armée à Toulouse, pour y être noyées dans un lac, avant d'exciter, deux siècles plus tard, la cupidité d'un général romain. Les autres s'étaient installés sur le Danube, de la Bohème à l'Ukraine, ou avaient franchi les Détroits et occupé le cœur de l'Asie Mineure, premier peuple païen évangélisé par Saint Paul. De là était partie l'aventure égyptienne. Mais mon propos est tout autre en évoquant la piste africaine. Il y a d'abord l'étrange similitude du tumulus de Barnenez avec un monument égyptien. Pas le premier tumulus, le plus ancien monument connu édifié de main d'homme et détruit après la dernière guerre pour empierrer les routes, mais le second tumulus, un peu plus jeune seulement, éventré par les carriers, ce qui permet d'avoir accès à ses chambres funéraires. Il a en Haute Egypte son pendant avec le même nombre de chambres. Ceci nous renvoie au grand schisme qui vit les Egyptiens se mettre à tailler la pierre. Leurs tumulus devinrent des pyramides tirées au cordeau. Leurs menhirs des obélisques. Leurs alignements ou leurs cercles de pierres des temples aux multiples colonnes. Mais l'Armorique, comme d'autres terres aux confins de l'Empire, resta fidèle aux règles primitives : « Tu dresseras une pierre et tu ne la tailleras pas » dit la Bible. Autre similitude, la conjugaison bretonne déclinant l'infinitif avec le verbe faire a aussi son parallèle en Egypte.

En 1967, ayant chassé les pilotes anglais et français assurant la navigation sur le canal de Suez, et pensant ne pouvoir leur former rapidement des successeurs, Nasser fit une démarche auprès de la veuve de Terence Mac Sweeney, réfugiée en Bretagne, pour obtenir par son intermédiaire des pilotes irlandais et… bretons.

Le Liban phénicien, la Tunisie carthaginoise

Ayant fondé Carthage au 9e siècle avant Jésus-Christ, les Phéniciens étaient pour Platon les maîtres de l'océan. D'antiques inscriptions conduisent à s'interroger sur leur atteinte du nouveau monde. Sont-ce eux qui amenèrent au Conquet un chaudron de bronze chinois du 14e siècle avant Jésus-Christ, trouvé en terre à deux mètres de profondeur à la Pointe du Renard ? On leur doit probablement le nom d'Abbaretz, site minier situé au nord de Nantes et répondant aux immenses besoins d'étain du bassin méditerranéen. Le Pays de Retz, la pointe du Raz témoigneraient aussi de la présence phénicienne (Resh = pointe), comme *Port-Gadon* à Douarnenez (Gadès = entrepôt). Le nom même de Bretagne, porté primitivement par l'île de Bretagne, semble un nom phénicien. Berit-ania signifie «terre séparée» comme Morit-ania signifie «terre occidentale», Kattal-ania «terre des massacres ou des trépassés», Lusit-ania «» et Hisip-ania «». Contrairement aux péninsules grecque, italienne, hispanique ou armoricaine, la

Bretagne était «séparée» du continent européen, d'où son nom. (*Europe viendrait du phénicien Ereb.*)

Comme l'anglais aujourd'hui, le phénicien fut longtemps la langue du commerce international sur tout le littoral atlantique. L'on ne s'étonnera pas de trouver dans cette langue l'origine de mots bretons sans équivalents indo-européens. Et d'abord le mot Ker, ville, en carthaginois Kar. Karthage, la belle ville. Ce mot désigne les implantations humaines les plus primitives ou les plus élémentaires : Caher en Irlande, Caer en Pays de Galles, et Car encore à Carhaix (Kar-Ishtar, Ishtar = Astarté), en Galice et dans les Pouilles.

Ajout 2006 :
Il existe à Ouessant à Mez Notariou des fondations semblables à celles dégagées à Eivissa (Ibiza) dans un site phénicien. On y a trouvé des perles de verre de provenance égyptienne. Eussa = Eivissa? Uxissama serait Serk pour certains.

Ajout 2008 : Voir aussi les cuves à salaisons trouvées en grand nombre dans la baie de Douarnenez et en d'autres points du nord de l'Europe comme dans la région de Cadix et sur les côtes du Maroc. Origine gréco-romaine ou phénicienne ?
Aleth n'a-t-il pas une consonance également phénicienne ? ■

Que penser du toponyme Konk désignant partout, semble-t-il, des éperons barrés sur des routes de l'étain ? Au nord de Carcassonne (éperon au sud-est de Conques), à l'est de Madrid (Cuenca), sur le chemin de Saint-Jacques (éperon au nord-ouest de Conques), Conquet, Concarneau, Cancale (Canc Aleth ?) (2012) où la pointe du Grouin a perdu ses défenses antiques au siècle dernier…

Le Maghreb

Bursa ou Damas, dimanche, 12e jour du mois de Ramadan, l'an 1271, jour de la Pentecôte 1855, l'Emir Abd el-Kader met le point final à ses *Notes brèves destinées à ceux qui comprennent, pour attirer l'attention sur des problèmes essentiels.* Formé à la science et à la spiritualité antique, héros de l'indépendance algérienne de 1832 à 1847, emprisonné, libéré par Napoléon III le 16 octobre 1852 et accueilli par la Turquie, il adresse affectueusement un message de sagesse aux élites du peuple colonisateur, soulignant la dimension spirituelle de toute civilisation et invitant les Français à régler leur pas sur celui du plus faible, sans vouloir le brutaliser.

Traitant de la diversité des peuples, il évoque la présence ancienne de « Francs » alliés aux Berbères contre l'envahisseur arabe et vaincus avec eux dans les Aurès. Voir la traduction de René Khawam (Bibliographie).

Lille 1980. Colloque de démographie. Un jeune fonctionnaire algérien me signale comme une étrangeté l'existence de quelques familles à l'est du Sahara de langue ni arabe ni berbère : « *C'est la langue du peuple qui a jadis dessiné des peintures rupestres et ils savent les interpréter.* » - « *C'est étonnant, répondis-je, bien entendu vous recueillez soigneusement ces traditions.* » - « *Que non ! Nous sommes une toute jeune nation ; il serait dangereux de mettre en valeur nos différences.* » - « *Vous vous croyez pleinement nation, lui répondis-je, mais vous êtes restés français dans vos têtes. Vous ne seriez pas victimes de ce concept ahurissant de pureté culturelle si vous aviez été colonisés et éduqués par les Anglo-Saxons.* »

La Chine

Chateaubriand écrit dans ses *Mémoires d'Outre-Tombe* que la Chine était plus proche que Paris aux yeux des Bretons. Pièce unique en Europe, un chaudron de bronze chinois vieux de 35 siècles est trouvé sous terre, à deux mètres de profondeur, à la Pointe du Renard au Conquet, le *Saliocanos portus* des Anciens. On voyait encore dans les rochers de Porsliogan dans ma jeunesse, m'a-t-on assuré, les antiques anneaux de bronze signalés par Grégoire de Rostrenen. Probablement indirectes, les relations entre nos terres sont anciennes.

Autre lien, le symbole du Yin Yang se retrouve en Armorique voici près de vingt siècles comme désignation d'une légion chargée de la défense du littoral armoricain. Et puis il y a aussi l'extraordinaire coïncidence des calendriers. Le calendrier n'était pas chez les Anciens affaire anodine. L'homme a toujours été frappé par les astres. Il a probablement offert ses vocalises à la lune bien avant d'avoir mis au point le langage. Il pouvait éprouver déjà comme une marque de fidélité à son égard le retour régulier de la nuit, celui des nuits sans lune, des mois obscurs, les éclipses de soleil ou de lune lui semblant plus erratiques. Avec le langage est venue l'ordonnance hebdomadaire ou mensuelle des jours, l'idée de les qualifier comme fastes ou néfastes (pensez aujourd'hui au vendredi 13), actifs ou contemplatifs, ordinaires ou extraordinaires, voués aux activités personnelles ou communautaires. Le dimanche élargi au week-end est la plus grande invention de l'homme préhistorique. L'homme toujours guetté par l'ennui a besoin de contrastes entre les temps comme entre les lieux. Les adeptes de l'ouverture des magasins le dimanche ou 24 heures sur 24 semblent ignorer que l'homme ne consommera pas plus que ce qu'il gagne, à moins que leur objectif secret soit de mettre en difficulté le petit commerce, plus pourvoyeur d'emplois que le grand. Sachons retrouver l'esprit des inventeurs du calendrier.

Le calendrier celtique était d'une précision qui fit pâlir d'envie Jules César. Il se hâta de mettre à niveau le calendrier romain - d'où le calendrier julien en usage pendant quinze siècles - puis interdit l'usage du calendrier celtique. Ce dernier est cependant bien connu grâce à deux plaques de bronze, toutes deux retrouvées en débris destinés à la fonte, l'un à Coligny dans l'Ain, l'autre à Villards d'Héria dans le Jura .S'il n'est pas fait mention de ces plaques dans les multiples éditions du *Que Sais-je* consacré au calendrier, c'est pour parfaire le travail de l'occupant romain ; ces débris auraient dû partir normalement à la fonte. L'occupation romaine n'est pas terminée. Dans un ouvrage du CNRS relatant la découverte à Braud dans le Jura de deux zodiaques gallo-romains, il est affirmé que ceux-ci débutent « par erreur » au 1er Novembre. Gageons plutôt que c'est très consciemment que leur auteur ignorait le calendrier de l'occupant.

Un calendrier peut être purement solaire, purement lunaire ou bien associer les mouvements de ces deux astres par rapport à la Terre. Ni l'année solaire, ni le mois lunaire ne comportant un nombre entier de jours, et l'année solaire ne se divisant pas en un nombre entier de mois lunaires, la difficulté de combiner les mouvements des deux astres est alors évidente. Grecs, Juifs, Arabes ou Mayas confrontés à ce problème ont choisi des solutions fort diverses. Or les solutions celtique et chinoise, toutes deux assises sur l'alternance du Yin et du Yang, sont très proches et d'une grande beauté.

Toute période de temps chez les Celtes est composée d'une partie sombre et d'une partie claire. Il en va ainsi de la journée où la nuit précède le jour, du mois où la quinzaine centrée sur la pleine lune précède celle où la lune est une pâle accompagnatrice du soleil, de l'année où la moitié sombre inaugurée le 1er Novembre précède la moitié claire inaugurée le 1er Mai, du lustre enfin où une période de deux ans et demi comportant trois hivers précède une autre période de deux ans et demi comportant trois étés. Nous ignorons l'ordonnancement des lustres à l'intérieur des siècles de trente ans ni au-delà l'agencement des siècles. Un tel calendrier a exigé pour s'ajuster plusieurs siècles d'observations, et donc une vraie civilisation.

(Chez les Juifs aussi la nuit précède le jour et l'on notera que chez les Chrétiens aujourd'hui, s'il convient de sanctifier le jour du Seigneur, c'est-à-dire le Dimanche, ce peut être fait dès le Samedi soir).

Et le pentatonique

Et ce support de pied de lit en trompette, bronze incrusté d'or et d'argent, présenté à Paris au musée du Petit Palais en décembre 2000 dans une exposition sur la Chine? Il provenait de la province de Schaanxi, Xi'an, et aurait pu être présenté comme antiquité celtique dans n'importe quel musée européen.

Ces correspondances sont-elles un motif suffisant pour inviter les Chinois à prendre chez nous le relais d'un Paris défaillant, disons pour un siècle, comme pour Hong-Kong ? Je ne le pense pas, d'autant qu'ils ne sont pas seuls sur les rangs.

La planète

Couplet mondialiste. Alors que l'homme expédie des engins sur la Lune et sur Mars, alors qu'il suffit de 150 Euro pour faire venir une voiture du Japon en France et de quelques Eurocent pour une information via L'Internet, multiples sont les motifs qui appellent une fiscalité et un gouvernement planétaire. Problème d'une monnaie mondiale indépendante des autres monnaies, problème de la gestion des stocks de matières premières non renouvelables, problème de la diversité des espèces animales et végétales à sauvegarder, problèmes de la diversité des expressions musicales et linguistiques à cultiver, problème de l'empoisonnement des eaux, des terres et des airs par nos activités, problème de la conservation de la couche d'ozone protégeant la vie.

Et la Bretagne dans tout cela ? Catherine de Sienne voyait des Bretons sur toutes les vagues des océans. Le Breton est à l'aise dans la mondialisation. Il sait qu'une France ou une Europe repliées sur elles-mêmes placent la Bretagne en position périphérique - simple cul-de-sac du bassin parisien - et que son avenir est dans les relations intercontinentales. Trouverait-on des hydrocarbures dans le bassin de Rennes ou au large d'Ouessant, il serait prêt à les proclamer ressources mondiales, patrimoine commun de l'humanité. Se souvenant qu'ils furent pour partie *boat people*, rançonnés par les pirates lors de leur venue en Bretagne Armorique au milieu du premier millénaire, les Bretons sont prêts, à l'aube du troisième millénaire, à accueillir les *boat people* du monde entier fuyant l'oppression.

Dans les années 1950, si fertiles en délires prospectifs, une étude fut engagée par un groupe de linguistes londoniens sur la future langue d'échange de l'humanité. D'après ce qui m'en a été dit à l'époque, ce ne pouvait être l'espéranto, langue facile à lire et à comprendre mais arrivant difficilement sur les lèvres. Il existe en effet dans la préparation des phrases un travail cérébral mal connu, une préformation inconsciente de la phrase dont on connait mal les lois. Ce travail se fait mal en espéranto. Un je ne sais quoi lui manque que possèdent les langues naturelles. Plutôt que de percer ces secrets, ont pensé les linguistes londoniens, pourquoi ne pas retenir pour l'humanité une langue existante, éprouvée, roulée, policée par les siècles ? Ce ne pouvait être la langue d'une grande puissance, sous peine de privilégier un impérialisme par rapport aux autres. Ce devait être la langue d'un petit peuple. Il fallait une langue concise, musicale, expressive, sans trop de verbes irréguliers, sans trop de règles d'accord, où toutes les lettres se prononcent, aux racines partagées avec de nombreuses autres langues. Nos linguistes ont collecté vocabulaires et grammaires, pour finalement retenir le breton. Certes, cette langue est parente du londonien des origines. Mais pour autant, faut-il croire au canular ? Le projet de nos linguistes londoniens était généreux. Ils n'ont pu faire barrage à la submersion de la planète par l'anglais basique.

On retiendra que le petit bretonnant est doué pour les langues…

Retour aux sources, dirait le premier grenadier de la République, La Tour d'Auvergne, persuadé que le breton était la langue d'Adam et Eve au paradis terrestre...

La glossolalie, le « parler en langues » est-il résurgence d'une humanité première ? L'expression d'une pensée conceptuelle en attente de verbalisation ? Oskar Pfister, proche de Freud, dans deux études, y voit régression à l'état infantile (Michel de Certeau, utopies vocales : glossolalies, *Traverses*, n° 20, novembre 1980). Théodore Flournoy, *Des Indes à la planète Mars. Etudes sur un cas de somnambulisme avec glossolalie*, 1900, Seuil 1983. Jean-Jacques Courtine (sous la direction), *Les glossolalies, Langages*, n°1991, septembre 1988. Et, sur le silence, Jean-Baptiste Morvan de Bellegarde, s.j. *Conduite pour se taire et pour parler, principalement en matière de religion*, Simon Bénard, Paris, 1697 plagié par abbé Dinouart, *L'art de se taire,* 1771, JJ Courtine et Claudine Laroche, Million, Grenoble, 1987.

La France enfin

Restent à examiner les prétentions proprement françaises, les seules valables aujourd'hui. Attribuer au mariage d'Anne de Bretagne l'intégration de la Bretagne à la France est une erreur souvent commise. C'est plus compliqué. La Bretagne n'était pas la propriété personnelle d'Anne de Bretagne. Elle en était seulement la servante. Il a fallu un acte d'union, et celui-ci est intervenu une quarantaine d'années après le mariage d'Anne avec Charles VIII.

Le bruit court à l'Est du Couesnon que si la Bretagne ignore les péages autoroutiers, c'est suite à cet acte d'union. Certes il est stipulé que nulle taxe ne peut être levée en Bretagne sans le consentement des Bretons, mais quelle est la valeur de cet acte aujourd'hui ? Le prince Sixte de Bourbon-Parme disait volontiers que le statut de la Bretagne ne serait vraiment clair que si lui, Sixte, ayant été couronné roi de France, se faisait également couronner duc de Bretagne. Diable !

Le Conseil d'État a déclaré en 1985 (?) que l'édit de 1532 réglant la Constitution bretonne avait été annulé « comme les autres édits royaux » par la Révolution. Mais alors, quid du statut de la Bretagne ? Retour à la case départ ? Un décret, fût-il révolutionnaire, peut-il annuler un édit demandé par les représentants du peuple breton et ayant valeur internationale ? Evoquant la nécessaire ratification par les États de Bretagne de ce décret d'annulation, ratification oubliée au milieu des troubles révolutionnaires, Michel Cointat écrit que « *Le problème a été mis de côté provisoirement et personne n'en a plus reparlé* » (*Sept députés bretons à Versailles,* page 260).

Ajout 2012 : je me souviens avoir vu dans une salle des ventes un Atlas historique de la France (1764 ?) donnant quelque chose comme 1543 pour l'union de la Bretagne à la France. (J'en ai acheté depuis un tirage de 1782 sans cette précision, Ricci Zannoni mis à jour par Desnos et revu par M.M.B.B. géographes du roi). Il faudrait creuser la question. Je subodore qu'un acte de l'administration a subrepticement mis la Bretagne dans le domaine royal et que cela dispensait le roi de se faire couronner duc de Bretagne. Il faudrait pour en avoir le cœur net étudier ce qu'en dit l'histoire très complète de MM. Velly et Villaret, vu sur L'Internet à 599 € pour 28 volumes sur 30…

Il a fallu, pour modifier le statut de la Bretagne une guerre entre la France et l'Europe, si l'on considère que les milices paroissiales bretonnes chargées de s'opposer à l'invasion étaient assistées de troupes britanniques, espagnoles et allemandes. Ces troupes étaient malheureusement en nombre insuffisant, l'Autriche étant occupée avec les Turcs, l'Espagne en pleine reconquête et l'Angleterre épuisée par la guerre des Deux Roses... Il a donc fallu le désastre militaire de Saint-Aubin du Cormier, la mort du duc François II, père de la duchesse Anne, la rupture du mariage de ladite Anne avec Maximilien d'Autriche, la rupture des fiançailles de Charles VIII avec la fille de Maximilien, puis après la mort suspecte de Charles VIII la rupture du mariage de Louis XII avec Jeanne de France. Pour prix de ces divers arrangements, il fallut céder par traité en 1491 à l'archiduc Maximilien les comtés d'Artois et de Bourgogne et en 1498 à César Borgia, fils naturel du pape Alexandre VI, le duché de Valentinois, Machiavel s'étant déplacé à Nantes par la suite. Il a fallu aussi probablement quelques infanticides, Anne ne devant avoir que des filles si l'on ne voulait pas que cela reparte pour un tour. Il a fallu surtout in fine l'accord du peuple breton réuni en ses États. Ainsi les Bretons ne sont Français ni par le sol, ni par le sang, ni par conquête mais par libre choix de leurs ancêtres. Ils ont apporté à la France et leur sol, et leur sang. L'on oubliera que certains Bretons émargèrent en 1532 aux fonds spéciaux du royaume, mais s'ils ont pris ce qu'on leur offrait, cela n'a probablement pas modifié leur vote. Dès lors que les rois d'Angleterre n'avaient plus pied sur le continent, l'indépendance bretonne n'était plus tenable. C'est l'honneur des Bretons de pouvoir se dire Français par choix quand tant d'autres l'ont été par conquête ou par escroquerie. Ainsi la promesse faite aux habitants de Menton qu'ils ne paieraient pas l'impôt s'ils se disaient Français ne fut tenue qu'un seul été. ■

(J'ai lu quelque part que Machiavel était venu à Nantes traiter des affaires bretonnes, mais le texte ci-dessous n'y fait nulle allusion.)

Commémoration manquée : Machiavel à Nantes il y a 500 ans - Ouest-France, 19 janvier 2001.

M. Luc Douillard, de Nantes : « Difficile de laisser s'éloigner derrière nous l'année 2000, sans rappeler que la ville de Nantes vient de louper une commémoration historique d'importance. En effet, octobre et novembre 2000, c'était exactement le 500e anniversaire du passage de Nicolas Machiavel à Nantes, visite mémorable qui vaut à la cité d'Anne de Bretagne (alors épouse du roi de France Louis XII), d'être la seule ville française qui soit citée dans « *Le Prince* », le fameux traité, universellement connu, du politologue italien. « On sait que ce premier livre, opérant froidement la distinction entre la morale et la politique, n'a pas très bonne réputation, ayant donné ultérieurement les mots dérivés : machiavélien, machiavélisme, voire florentin. » Pour autant, en décrivant avec précision les rouages de l'oppression tyrannique, quel but poursuivait vraiment le « très pénétrant Machiavel », comme dira plus tard Spinoza ? Voulait-il conseiller le Prince ? Ou bien, au contraire, alerter le peuple en rendant publiques les pratiques secrètes de la tyrannie ? (Et quel nouveau Machiavel aura manqué, en France, pour révéler les turpitudes cyniques du Prince contemporain, de 1981 à nos jours?). Revenons à l'automne 1500. Fonctionnaire de la république de Florence, Machiavel est dépêché, comme secrétaire d'ambassade, auprès de la cour itinérante du roi de France, Louis XII, ce roi envahissant qui est un traditionnel allié de poids de la ville de Florence, dans le jeu compliqué de la politique italienne. « Conversations nantaises » Pauvre Machiavel, mal payé, loin de ses bases, chargé d'une mission délicate, il traverse à cheval les Alpes, rencontre la cour de France vers Lyon, mais il doit la suivre dans ses pérégrinations, tout le long de cette Loire qui fascinera les rois français de la Renaissance. On voit bien alors que le Val de Loire est une sorte d'axe géopolitique central pour un pouvoir monarchique valoisien qui braque un œil dirigé vers les fastes italiens et l'autre sur l'opulent et stratégique duché de Bretagne. On ignore ce que fit exactement Machiavel à

Nantes, s'il résida au château, s'il s'enquit des mœurs bretonnes, s'il poussa jusqu'au rivage atlantique. On sait cependant que ses copains de bureau de la chancellerie florentine lui écrivent des blagues érotiques et, surtout, qu'il eut des entretiens décisifs, les 27 octobre et 2 novembre 1500, très probablement au château des Ducs, avec l'un des principaux personnages du royaume français, le cardinal Georges d'Amboise, gouverneur du Milanais, couramment appelé Roueno ou Roeno par les Italiens, car il était également archevêque de Rouen. Ce qui nous vaut ce passage mémorable du chapitre III du « *Prince* ». Machiavel y rappelle ses conversations nantaises de l'automne 1500 : « *Et de cette manière, je parlai à Nantes avec le cardinal de Rouen au temps où le Valentinois* (ainsi nommait-on communément César Borgia, fils du pape Alexandre) *s'emparait de la Romagne : car comme le cardinal de Rouen me disait que les Italiens n'entendaient rien à la guerre, je lui répondis que les Français n'entendaient rien à la politique ; car s'ils y eussent entendu quelque chose, ils n'auraient pas laissé l'Eglise venir à tant de grandeur.* » Peut-être que ce souvenir, et le fait que la ville de Nantes soit la seule localité française (d'ailleurs juridiquement bretonne à l'époque !) qui soit citée dans « *Le Prince* », aurait pu provoquer quelques commémorations locales pour l'occasion, à la fin du 20e siècle par ailleurs particulièrement « machiavélique » : banquet d'époque et bal Renaissance, allocutions, pose d'une plaque, colloque savant sur l'actualité de Machiavel dans l'exercice du pouvoir contemporain.

Union ne voulait pas dire intégration, et la Bretagne devait conserver jusqu'à la Révolution son administration particulière. Voici à peine un siècle, on pouvait encore entendre entre Ingrandes et Champtoceaux sur la Loire les pêcheurs dire « Vire à duché » pour aller au Nord et « Vire à royaume » pour aller au Sud. La Révolution a remplacé la province de Bretagne par cinq Départements. Le nom même de Bretagne a pu disparaître des cartes administratives si l'on excepte un certain nombre de communes d'Ille-et-Vilaine et de Loire-Atlantique. Il a fallu attendre la Cinquième République (décret du 2 juin 1960) pour qu'il réapparaisse au sein des administrations régionales.

Le décret du 2 juin 1960 définit le cadre de vingt et une circonscriptions d'action régionale (CAR). Ce découpage est très peu différent de celui en 22 programmes d'action régionale (PAR : qui compte un programme « Région du Rhône » et un programme « Région des Alpes ») défini par un arrêté du 28 novembre 1956, mais, sous les quolibets d'Escarpit dans *Le Monde*, réapparaissent les noms des provinces supprimées à la Révolution.

En s'adjoignant la Bretagne où persistait une langue parente du gaulois, voire en Morbihan une langue directement issue du gaulois selon la thèse du professeur François Falc'hun, la France renoue avec ses origines gauloises. Cette conscience, elle l'a cultivée aux moments les plus glorieux de son histoire.

La Révolution française n'a pas été produite par le choc de deux partis se disputant le pouvoir ; elle a été un mouvement général de la masse de la Nation, perçue comme descendant des Gaulois, contre les privilégiés, perçus comme descendant des Francs. C'est la conviction du jeune Bonaparte (Mémorial de Sainte-Hélène). « *J'étais le roi du peuple, comme les Bourbons sont les rois des nobles.* » (A. Montholon 40). C'est la conviction de Sieyès. Elle a son origine dans Henri de Boulainvilliers : « L'idée que le peuple est gaulois et la noblesse franque a nourri la Révolution. » Répandue, on la retrouve chez le jeune Napoléon : « *La noblesse française, comme celle de toute l'Europe, date de l'incursion des barbares qui se partagèrent l'empire romain. En France, les nobles représentaient les Francs et les Bourguignons ; le reste de la nation, les Gaulois.* » Impatients d'éliminer toute trace de l'ancienne société, certains députés proposeront à la Convention de troquer « *l'abominable nom de France* » pour celui de Gaule. « *La France, la vraie* » désigne l'Ile-de-France sur la carte des Gaules dessinée par Mercator. De nos jours, les aventures d'Astérix montrent comment tout ce qui est mauvais en France, bureaucratie, impôts, zizanie et promoteurs immobiliers, vient des Romains, et comment résiste victorieusement un village gaulois.

(Je n'ai pas exploité dans cette partie gauloise les révélations d'Alétin Le Martyr au 16e siècle d'où il ressort que ce n'est pas l'Armorique qui est française mais la France qui est armoricaine.)

France ouverte

La Bretagne n'a pas toujours bien respiré dans le cadre français. Il fut des époques où dans une France hypercentralisée, il fallait intervenir dans les ministères pour réduire la hauteur des murs d'un cimetière, couper un arbre le long d'une route nationale, baptiser une ruelle ou un collège du nom d'une célébrité locale, créer dans son canton une maison de retraite, conserver un percepteur pour mille habitants ou un instituteur pour cinq enfants. Il fut un temps où, comme dans les pays sous-développés aux budgets étroitement dépendants de la qualité des récoltes, des règles strictes d'annualité budgétaire empêchaient les maires d'engager la moindre programmation pluriannuelle. L'octroi d'une subvention commandant l'accès à des emprunts à taux bonifiés, l'on ne pouvait rien programmer d'une année sur l'autre. Il fut un temps où, pour assurer la suprématie de Paris, les gouvernements royaux ou républicains faisaient tout pour ôter aux grandes villes de province et tout particulièrement à Nantes la possibilité de jouer un rôle de métropole : interdiction de commercer avec le Portugal et l'Angleterre condamnant Nantes à développer le commerce triangulaire avec l'Afrique et les Antilles, déplacement à Rennes de la faculté de droit de Nantes puis de toute l'université, fractionnement de la province en cinq départements, déportation à Paris des 80 principaux bourgeois de Nantes, blocus continental, liberté laissée aux sociétés ferroviaires de pratiquer des tarifs de dumping entre les ports du littoral atlantique pour en finir avec le cabotage, politique énergétique faisant du charbon livré sur le littoral atlantique le plus cher de France alors qu'en l'absence d'une telle politique, il eut été le moins cher, coupure en deux du canal de Nantes à Brest par un barrage hydroélectrique sans obligation d'écluse (une première mondiale assurément), long refus d'aménager la route Rennes-Nantes malgré des centaines de morts, institution d'une frontière administrative entre Nantes et le reste de la Bretagne, Nantes étant mise un moment sous la dépendance d'Angers. Refus d'aménager une voie ferrée directe Rennes-Nantes par Châteaubriant. La désignation du maire de Nantes par le roi de France à partir de 1498 n'est pas forcément à mettre dans la liste. Elle pouvait au contraire permettre de travailler plus en confiance.

Il fut d'autres époques où la Bretagne respirait dans une France elle-même ouverte sur le monde. Les Bretons pouvaient rendre alors les plus grands services à la France. Cessant de se recroqueviller sur son nombril parisien, ses chefs étaient attachés à la Bretagne. Ainsi, au début de la Deuxième République, la langue bretonne ne fut pas considérée comme une verrue disgracieuse, un élément étranger dont il fallait se débarrasser au plus vite, mais comme un fondement de l'identité française.

En août 1858, plus d'un siècle avant De Gaulle à Quimper, Napoléon III tient à s'exprimer en breton en Bretagne. En 1886, dans le style fleuri de l'époque, la *Littérature française* de J. Demogeot, 22e édition, consacre un chapitre à la langue et à la poésie des Celtes et un autre au cycle d'Arthur. « *Le celtique recule devant les conquérants germains ; il se replie pas à pas et comme en grondant jusque dans l'Armorique, son dernier et inexpugnable asile. C'est là qu'aujourd'hui encore, après tant de siècles, tant d'invasions, tant de bouleversements, il subsiste tel qu'on le parlait au sixième siècle de notre ère. Au milieu des changements universels de l'Europe, la Bretagne semble demeurer immobile ; et, pareille à ses mystérieux dolmens, elle s'élève dans un coin de la France comme l'ombre de notre passé, comme le dépositaire des vieilles mœurs et des antiques souvenirs.* » On est loin de la politique de purification linguistique amorcée plus tard, comme de la crainte quelque peu démente d'un Gambetta en 1870, préférant laisser croupir les volontaires bretons dans la boue du camp de Conlie plutôt que de les utiliser pour stopper l'avancée allemande. En 1941, toujours aussi méfiante vis-à-vis de ses ressortissants, la France refusera d'armer les Vietnamiens contre les Japonais, laissant dormir sur place les 20 000 fusils soviétiques à elle remis par les républicains espagnols…

Avec la Cinquième République la Bretagne, fût-elle amputée d'un Département, retrouve la faculté de commander pour partie son destin. De Gaulle respecte dans ses voyages les contours de la Bretagne historique (notamment en 1962 et 1969). Il recrée en 1964 une assemblée régionale malgré les réticences de la haute administration – « *Vous n'imaginez tout de même pas une assemblée régionale en Bretagne* » - et régionalise la télévision que d'aucuns voudraient aujourd'hui départementale. Aujourd'hui plus que jamais, la France a besoin des énergies bretonnes si elle veut échapper au déclin.

Pour autant les hauts fonctionnaires des ministères des Finances et de l'Intérieur n'ont jamais abandonné leur **mentalité d'Ancien Régime**. Craignant l'éternelle furie gauloise, se conduisant comme en pays occupé, ils maintiennent en France une chape de textes et d'assemblées délibérantes superposées qui anémie la Nation au moment où la mondialisation exige une réactivité accrue. La France change de gouvernement à chaque élection et, comme aux temps où les rois partaient en croisade, l'administration se trouve chargée seule de la continuité de l'État. Un cénacle d'une quinzaine de hauts fonctionnaires a pris les rênes, faisant voter lois, décrets et circulaires par la majorité du moment. Pour justifier sa façon de manipuler les esprits, ce cénacle se plaît à évoquer la façon dont la paysannerie française, méfiante et routinière, fut convertie à la culture de la pomme de terre. Ordre fut donné de faire garder par la gendarmerie du roi pendant la journée les premiers champs cultivés. La nuit, laissés sans surveillance, ces tubercules d'apparence si précieuse étaient volés par les paysans... On parle de démocratie locale, d'abandon de toute tutelle, mais l'on n'hésite pas à acheter les comportements. Généralement mieux inspirée, la commission Attali en 2008 ne voit-elle pas l'État « *diminuant la dotation globale de financement des communes refusant de fusionner en une agglomération* » ou « *majorant la dotation globale de financement des agglomérations récupérant des compétences communales* » ?

C'est par crainte que des provinces puissantes en fassent mauvais usage que la décentralisation en France, si elle est inscrite dans l'Article 1 de la Constitution, a tout du trompe-l'œil. On prône l'intercommunalité, mais une intercommunalité de canton, perpétuant la séparation des villes et des campagnes, afin d'empêcher toute vie locale autonome. On prône la Région, mais avec une loi électorale qui laisse aux partis le soin de désigner d'avance les élus. Tout se passe comme si la haute administration s'était juré de faire disparaître la Région sans que les Français réalisent la façon dont c'est arrivé. Les partisans d'un État qui se veut unitaire ne peuvent supporter plus d'un échelon intermédiaire entre la Commune et l'État, seul habilité à réglementer la vie des Communes. Leur idéal constant, c'est 95 régions et 3 000 Communes. De là l'intercommunalité de canton et le renforcement des Départements où l'on va localiser quantité de services certainement mieux rendus dans le cadre des « Pays » ou des Arrondissements : police, justice, sapeurs-pompiers, urbanisme commercial, ramassage scolaire, accueil des gens du voyage, etc.

Tout Département veut avoir désormais son université ou sa station de télévision. D'accord avec les géographes de Louis XVI, ils savent qu'une province émiettée en 95 Départements est la meilleure garantie de la suprématie des bureaux parisiens.

Malheureusement, ce schéma idéal est tout simplement suicidaire pour la France. La vie politique d'un État centralisé se ramène à une suite de matches visant à prendre la tête d'un parti ou d'un gouvernement. Défenseurs exacerbés de leurs intérêts corporatistes, les corps intermédiaires ignorent les intérêts généraux de la Nation. Plus on parle de changement ou de réforme de l'État, et plus c'est la même chose. La société est à la fois bloquée et instable, « *et la fête continue, concluait Pisani au lendemain de l'échec du référendum sur la régionalisation, la triste fête de notre décadence.* » Retraites, taxe professionnelle, sécurité sociale, fiscalité locale..., partout apparaît l'incapacité des Français à se réformer.

Un pays où l'espérance de vie s'allonge de deux mois chaque année et qui ne fait plus assez d'enfants pour assurer le simple renouvellement des générations devrait pouvoir exiger de tous ses travailleurs au moins quarante annuités de cotisation pour accorder une retraite et ne pas laisser partir à 55 ans des hommes ou des femmes encore pleins de santé pouvant encore accepter une évolution de leurs missions.

L'appropriation communale ou intercommunale de la Taxe Professionnelle est à l'origine de quantité d'injustices et de gaspillages en matière de finances locales. *C'est un impôt archaïque et imbécile*, avait proclamé un Président de la République, pourtant défenseur patenté des institutions. Cet impôt est prélevé à un niveau territorial beaucoup trop restreint, ce qui permet d'entretenir, notamment en Ile-de-France, de véritables paradis fiscaux.

Un préfet a normalement sous ses ordres une trentaine de chefs de service différents sans compter les organismes liés, type Assedic. C'est beaucoup trop et périodiquement l'on s'efforce de les regrouper par pôles, voire de les fusionner. Dernières tentative, la Révision Générale des Politiques Publiques lancée fin 2007. Mais à vouloir la couler dans des espaces territoriaux inadéquats, on risque le pire.

Avec un jeune sur deux s'engageant dans l'enseignement supérieur et des tâches enrichies, les administrations devraient pouvoir embaucher davantage de cadres A et moins de cadres B, C ou D. Mais pour cela il faut toucher aux équilibres hiérarchiques.

Une population vieillissante exige de plus en plus de frais de santé ; l'on s'endette et l'on attend des jeunes qu'ils remboursent ultérieurement ces dettes.

Quand un cheval est fatigué, il faut le remplacer ou accepter de s'enfoncer dans un déclin irrémédiable. Telle est bien aujourd'hui la tendance contre laquelle la nouvelle présidence de la République s'engage à lutter. La conviction bretonne, déjà manifestée dans le livre blanc du CELIB en 1971, *Bretagne, une ambition nouvelle*, est que la France retrouvera vitalité et réactivité si abandonnant progressivement le Département, elle s'appuie sur une quinzaine de Régions fortes et quelques 200 ou 300 Communautés associant convenablement les villes et les campagnes, qu'on les appelle toujours Départements, Districts, Pays ou Agglomérations, expression retenue en 2008 dans le rapport de la commission Attali, voulant signifier que la force de la France est bien dans ses Régions et dans ses villes.

Tous les partis ou presque ont soutenu l'idée de « Pays » lors du vote de la loi du 4 février 1995. Puis ils ont pris peur. Ayant à engager la réforme de l'État, ils ont tout misé sur un renforcement des préfets de Département au détriment des sous-préfets. Ayant à réformer la Taxe Professionnelle, ils ont oublié le rôle que l'Arrondissement pouvait prendre comme cadre provisoire pour sa péréquation, en attendant que ce rôle soit dévolu aux « Pays ». Dans la révision de la loi en 1999, ils ont suivi l'administration dans sa volonté de faire disparaître toute révision des Arrondissements.

Si la Bretagne peut apporter quelque chose aujourd'hui à la France, c'est sa volonté d'essayer de préfigurer sur le terrain ce que pourrait être un «Pays» de plein exercice. (Je n'ai pas exploité dans cette partie l'excellent livre d'André Tanguy, 1957, sur *Le destin français de l'Armorique*).

Loeiz LAURENT -
Rédaction 1995, revue en 2004, 2008, 2009, 2011, 2015.
À voir sur le gouvernement de Charles VIII en Bretagne :
http://www.persee.fr/web/revues/home/prescript/article/bec_0373-6237_1957_num_115_1_449562

Lu 2013. Autre page d'Histoire, les Vikings :

« En 1906, est découverte sur l'île de Groix, une tombe viking. C'est aujourd'hui encore le principal témoignage archéologique d'une époque, le 10e siècle, où la Bretagne faillit devenir une deuxième Normandie. Pendant une vingtaine d'années, de 913 à 936, la Bretagne se retrouve sans ses élites politiques et religieuses, dominée par des Scandinaves en passe de la coloniser. Quand les archéologues amateurs Louis Le Pontois et Paul du Chatellier commencent, en juin 1906, à fouiller le tumulus du Cruguel sur l'île de Groix, ils s'attendent à explorer un « banal » site néolithique. Rapidement toutefois, ils comprennent qu'ils sont en train de découvrir un site bien plus récent, relevant d'un univers culturel inédit en Bretagne : une sépulture en barque viking. » (Tudi Kernalegenn, in "ArMen" N°196).

Histoire d'Alsace, E. Herriot avait mis le feu aux poudres : « Entre l'armistice et 1924, les Alsaciens avaient eu le temps d'être échaudés par les promesses non tenues, en particulier celles de Joffre leur garantissant à Thann, dès novembre 1914, le respect de leurs traditions, de leurs convictions et de leurs mœurs. Au lieu de cela, la langue officielle de l'administration, des tribunaux et surtout de l'école, était devenue le français que peu de gens maîtrisaient. Et voici qu'Edouard Herriot dans sa déclaration d'investiture à la présidence du Conseil déclare, le 17 juin 1924, qu'il entend « hâter la venue du jour où seront effacées les dernières différences entre les départements recouvrés et le reste de la République » ... Selon le Pr. Bernard Vogler, ancien directeur de l'Institut d'histoire d'Alsace, l'attitude d'Édouard Herriot a fait le lit de l'autonomisme et de manifestations germanophiles. » (In "Land und Sproch" N° 186).

Commentaires de LF

Petite erreur concernant la natalité française. La France est le seul État de l'Union Européenne, avec l'Irlande un peu plus haut, à avoir un strict renouvellement des générations, l'immigration apportant son complément. C'est ainsi que la population totale du territoire métropolitain s'accroît de près de 300 000 habitants chaque année actuellement.

Pour la question des pensions de retraites versées via le système de répartition, la relation directe entre nombre de cotisants et nombre de pensionnés n'est pas essentielle. Ce qui compte c'est la Valeur Ajoutée (PIB) produite par les actifs, et sa répartition. La Suède qui approche le ratio d'un actif pour un retraité verse néanmoins des pensions de retraite parmi les plus généreuses de la Planète.

Sur la loi de 1901 (Associations), je suis plus réservé que mon ami. Cette loi de liberté "Les associations de personnes se formeront librement sans déclaration ni autorisation préalable" [Art.2], a été détournée par l'État qui a repris d'une main ce qu'il avait concédé de l'autre, avec l'obligation de déclaration en Préfecture si l'association veut percevoir des fonds publics ; concrètement, nombre d'associés croient que c'est obligatoire alors qu'il n'en est rien. Les estimations actuelles indiquent que la France compterait environ 850 000 associations réellement actives, dont plus de 10 % sont des associations de fait, non déclarées. De plus, Loeiz me paraît trop sévère avec les corps intermédiaires. S'ils fonctionnent mal, c'est par manque d'autonomie responsable. La Révolution a beau avoir supprimé Corporations, Maîtrises, Jurandes, etc., il a bien fallu recréer des corps intermédiaires pour que la fluidité "démocratique" soit efficiente : caisses de secours mutuels (1824), droit de coalition (grève) (1864), droit syndical (1884), droit d'association (1901), conventions collectives (1919), etc.

Maintenant, voyons dans le texte suivant s'exprimer la thèse de Loeiz en faveur de grandes Régions.

Thèse qui s'accompagne d'une autre proposition que nous avons souvent débattue car nous n'étions pas en accord : "Oui à la réunification de la Bretagne, puis, nous rejoint qui veut...". Nous y reviendrons plus loin.

* * *

DE PLUS GRANDES RÉGIONS

« Comme la belle France serait plus heureuse si, au lieu d'avoir un centre, elle en avait dix, dispensant autour d'eux la lumière et la richesse. » Ainsi s'exprimait Goethe dans un texte mis en exergue du Rapport Hautreux-Rochefort prônant en 1963 l'essor en province de métropoles capables d'équilibrer Paris. Sans le savoir, le grand Goethe se faisait l'écho de Charles, duc de Berry, frère de Louis XI : « J'aime mieux la France que le roi pour autant que j'y vois cinq ou six royaumes au lieu d'un ». Simple moyen terme entre le département et la nation, comme ces neuf régions d'égale superficie découpant le royaume dans l'Atlas national de 1791, barrage destiné à limiter la croissance continue de Paris, comme dans le Rapport Hautreux-Rochefort, ou volonté de faire de la France un ensemble vraiment multipolaire, la grande région n'a jamais cessé de hanter, depuis la fin du XVIII° siècle, les géographes et les aménageurs. Nous commencerons par les aménageurs.

Les coups de bélier de la Datar

La Datar a été créée en 1963 pour mettre en application les principes que venait de développer le Rapport Hautreux-Rochefort sur l'armature urbaine nationale, vision fondée en particulier sur l'analyse des flux téléphoniques entre les villes.

Dès 1964, s'appuyant sur ces conclusions, la Datar fait choix de huit métropoles d'équilibre : Lille-Roubaix-Tourcoing, Nancy-Metz, Strasbourg, Lyon-Grenoble-Saint-Etienne, Marseille, Toulouse, Bordeaux, Nantes-Saint-Nazaire. Assistée de l'Insee, la Datar dessine autour de ces métropoles de vastes régions prudemment appelées zones d'études et d'aménagement du territoire (ZEAT). Celles-ci vont effectivement servir dans les études pour la préparation du 6° Plan. En 1966, elles accueillent un premier embryon d'administration interrégionale : organismes d'études d'aménagement d'aires métropolitaines (Oréam) et observatoires économiques régionaux (OER de Méditerranée, du Nord, de l'Ouest,...). Il s'agit, écrira Jérôme Monod en 1974 dans Transformation d'un pays, « de favoriser l'éclosion d'activités tournées vers la décision, la responsabilité et l'innovation, dans

Les zones d'influence des métropoles en 1963

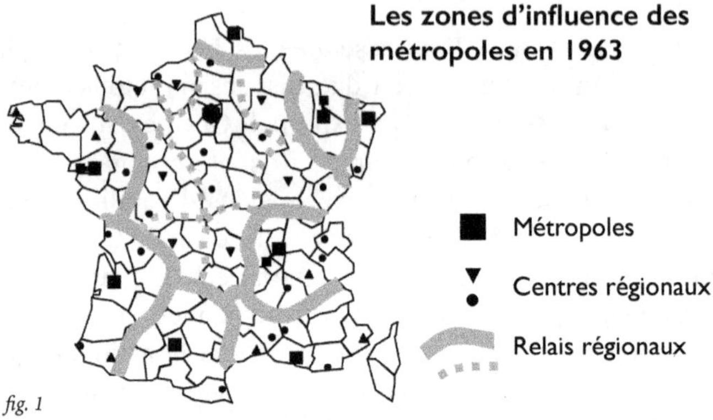

fig. 1

Les huit zones d'études et d'aménagement du territoire construites en 1964 autour des métropoles d'équilibre

fig. 2

Deux autres propositions de la Datar métropoles d'équilibre

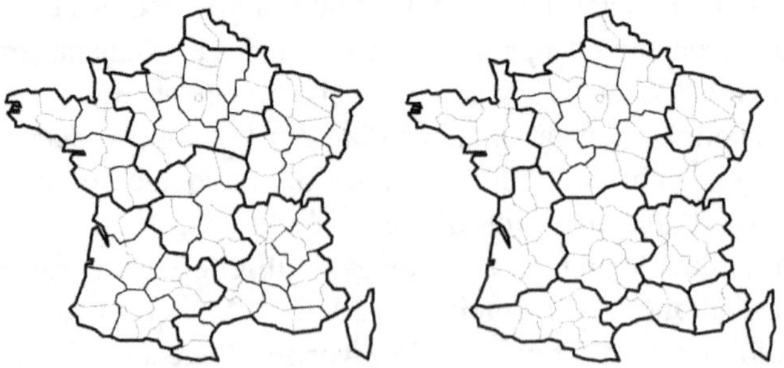

fig. 3

les domaines de l'administration, des échanges, de la recherche et de la finance »*(fig. 1)*.

En mai 1968, dans un numéro spécial de la revue 2000 intitulé Partage des pouvoirs, partage des décisions, essai sur la participation, autonomie et solidarités, les chargés de mission de la Datar proposent sans les commenter deux autres découpages, l'un en 31 départements nouveaux et sept grandes régions pour l'orientation du développement, l'autre en onze régions dont un Bassin Parisien comportant six divisions secondaires. Avec un Massif central ici respecté, les grands chantiers d'aménagement du territoire des années 90 sont déjà dans les têtes *(fig. 2)*.

Mais la Datar peine à faire lever la pâte. À Paris la crainte existe toujours de voir un pan du territoire préférer sa métropole à la capitale. En 1970, un atlas de 42 pages publié par l'Oréam de Nantes-Saint-Nazaire et soulignant l'unité de l'Ouest Armoricain, *Introduction à la connaissance de l'espace régional*, est mis au pilon sur ordre du préfet de région. L'un après l'autre, les Observatoires économiques et les Oréam sont démantelés, les uns voyant leurs fonctions reprises par les établissements régionaux de l'Insee, les autres par les préfectures de région. Les Commissariats mis en place, rénovation rurale dans l'Ouest, aménagement du Massif central ou des Pyrénées, tournent le dos aux métropoles *(fig. 3)* .

Rapidement tout est fait pour dévaluer ce concept de métropole : Rennes, Clermont-Ferrand, Dijon et Nice obtiennent dès 1964 statut de villes assimilées aux métropoles d'équilibre cependant que Rouen, Amiens, Reims, Troyes, Orléans, Tours, Le Mans et Caen deviennent villes de la couronne du Bassin Parisien. Jamais les métropoles régionales n'ont bénéficié de crédits spécifiques, sinon pour d'embryonnaires villes nouvelles, Villeneuve d'Ascq pour Lille, l'Isle-d'Abeau pour Lyon, l'Etang de Berre pour Marseille, Le Vaudreuil pour Rouen. L'essentiel des crédits va à la banlieue parisienne où cinq villes nouvelles bénéficient, à partir de 1970, d'équipements subventionnés à 80 % ou même à 100 % par l'État. « La politique des métropoles d'équilibre est restée un mot sans contenu » affirme Félix Damette dans *La France en villes* (Datar 1994).

La France de l'an 2000 selon la Datar

Un polycentrisme maillé

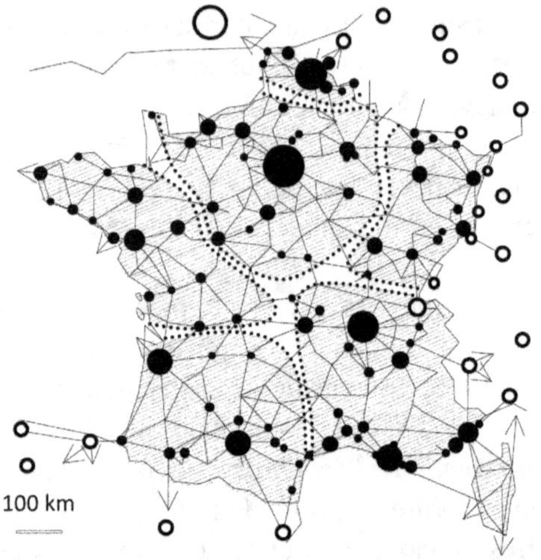

fig. 4

Les années 90 voient la Datar relancer vigoureusement l'idée de grandes régions. Résolue à prouver le mouvement en marchant, et à l'issue d'un grand débat sur l'aménagement du territoire en mai 1990 à l'Assemblée nationale, la Datar lance sept grands chantiers pour l'aménagement du territoire. En 1991, qualifiés de grands bassins, ils ont nom Grand Nord (avec animateur à Lille), Façade Atlantique (Nantes et Bordeaux), Grand Bassin Parisien (Paris), Grand Est (Strasbourg), Massif central (Lascaux), Région Euro-lyonnaise (Lyon) et Espace Méditerranéen (Toulouse et Marseille). Parallèlement, lors de la rédaction du projet de loi Joxe, il est envisagé que des Fédérations de Régions puissent se voir conférer de nouvelles compétences (Universités ? Recherches ? Transports ?). Finalement votée en 1992, la loi Joxe-Marchand prône la mise en place d'ententes interrégionales et facilite à l'extrême les fusions de régions, une disposition restée sans application malgré quelques velléités ici ou là. En 1993, dans un document introductif au débat national pour l'aménagement du territoire, les sept grands chantiers ont nom Grand Nord, Grand Est, Saône-Rhône, Midi-Méditerranée, Centre, Façade Atlantique et Bassin Parisien. Une Charte pour le Bassin Parisien débouche sur un contrat de plan interrégional en 1994. Il restera seul de son espèce.

Fidèle au nombre sept, le *Schéma* national annexé en 1994 au projet de loi Pasqua isole autant de réseaux métropolitains de rang européen. Ils ont nom Bassin Parisien, Nord, Grand Est, Centre-Est, Midi-Méditerranée, Sud-ouest et Loire-Armorique. Des cartes circulent, proches de celle de 1964. L'heure est à la reconquête du territoire.

L'État va-t-il s'aligner ? Dans le secret, la Datar pousse les administrations à s'organiser en grandes régions. Mais si beaucoup s'y engagent pour des raisons d'efficacité et d'économie, elles retiennent toutes un découpage différent et la Datar assiste impuissante à cette diversification, une façon pour ces administrations d'éviter la tutelle d'un éventuel préfet d'inter-région.

La réduction d'un tiers des effectifs des administrations centrales avancée par le premier ministre Edith Cresson aurait pu être un atout pour les métropoles. Il n'en sera rien. D'abord en raison des résistances parisiennes (Khrouchtchev s'était fait débarquer en raison d'un semblable projet de déconcentration), ensuite en raison du maintien d'une logique unitaire : ce qui va quitter Paris doit rester concentré, la santé à Rennes, la statistique à Bordeaux, les douanes à Lille, la coopération à Marseille... Tout faire pour empêcher les métropoles de régner sur un vrai territoire.

En 2000, la Datar participe au *Schéma de développement de l'Europe communautaire*. Dans *Aménager la France de l'an 2000*, elle prône un polycentrisme maillé où Lyon et Marseille font cause commune. Des Missions interministérielles interrégionales d'aménagement du territoire sont créées à titre expérimental dans le sud-ouest et le sud-est *(fig. 4)*.

Pendant quarante ans la Datar a proposé une vision du territoire remarquablement stable, poussé à l'émergence de vastes régions. Etait-on las, au Ministère de l'Intérieur ou des Finances,

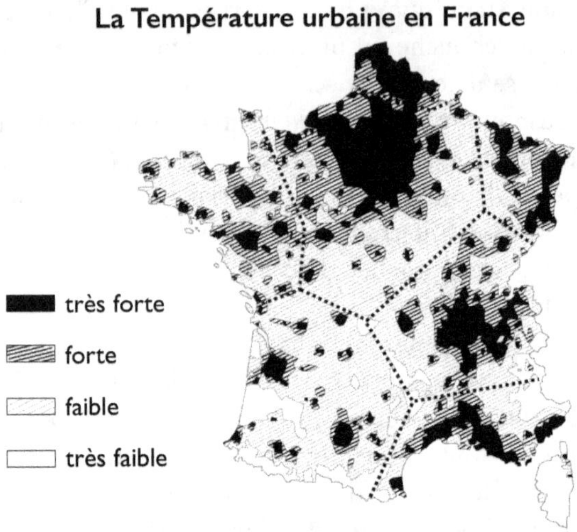
La Température urbaine en France
très forte
forte
faible
très faible

fig. 5

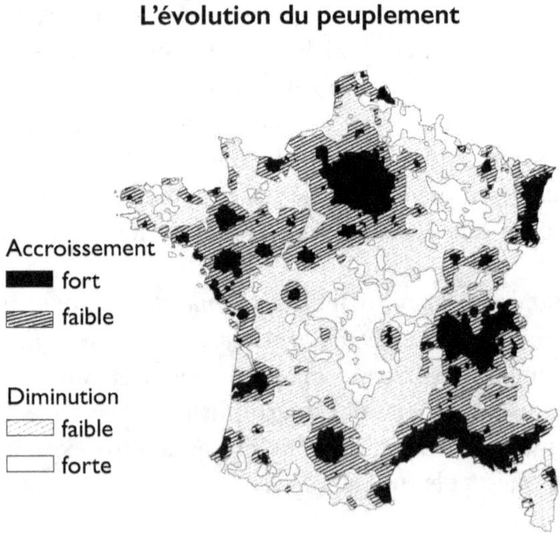
L'évolution du peuplement
Accroissement
fort
faible
Diminution
faible
forte

fig. 6

de la voir mettre les pieds en des domaines que l'on voudrait réservés ? Toujours est-il que la Datar a perdu sa référence régionale. En décembre 2005, malgré l'opposition unanime des membres du Cercle pour l'aménagement du territoire, la Délégation à l'aménagement du territoire et à l'action régionale est devenue DIACT - Délégation Interministérielle à l'Aménagement et à la Compétitivité des Territoires. Il s'agit, nous dit le Conseil des ministres, de « promouvoir l'attractivité du territoire national tout en poursuivant une politique de solidarité envers les zones fragiles ou excentrées. » Un travail d'entremetteur, un travail de pompier. En 2010 la Datar a retrouvé son nom ; pas son aura.

De grandes masses démographiques

Restent les travaux des géographes. L'examen des grandes masses démographiques installées sur le territoire et de leur évolution depuis un bon demi-siècle, l'analyse des composantes du dynamisme démographique des territoires, bilan naturel et bilan migratoire, la façon dont les changements de domicile entre deux recensements dessinent en France de vastes bassins d'habitat, tout concourt à une même image de notre territoire soulignant systématiquement l'ampleur du fait parisien. Examinons les cartes *(fig. 5)*.

La France en 1999 se trouve grossièrement partagée par des espaces de moindre température en sept ensembles assez bien détachés les uns des autres : Ce sont en tournant autour de Paris

- un Bassin Parisien atteignant Caen, Le Mans, Poitiers, Montluçon, Saint-Dizier et Charleville-Mézières,
- un Nord débordant a priori la frontière,
- une Alsace et une Lorraine formant couronne autour des Vosges,
- une grande Région Lyonnaise atteignant Valence, Clermont-Ferrand, Dijon, Besançon et la région genevoise,
- un Littoral Méditerranéen linéaire avec ses ancrages, catalan et ligure,
- un grand Bassin Aquitain aux têtes bordelaise et toulousaine disproportionnées par rapport au reste du système urbain,

Accélération ou ralentissement du développement

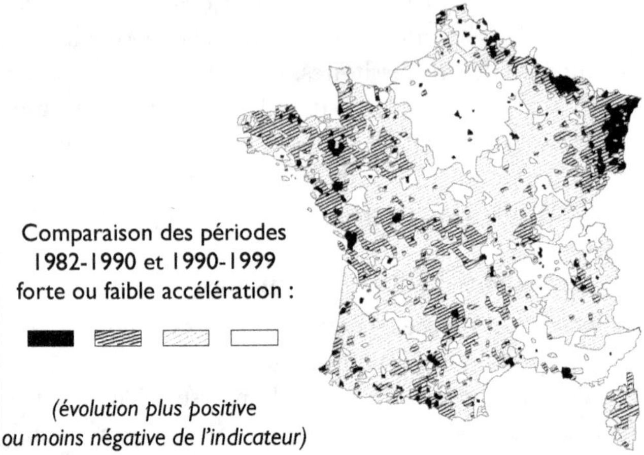

fig. 7 *Source Insee, RP 1990 et 1999*

- et enfin un Massif Armoricain au peuplement pour partie littoral et pour partie sous influence parisienne ceinturant un centre sous-urbanisé.

Le rapprochement avec les zones d'études et d'aménagement du territoire présentées un peu plus haut s'impose avec évidence.

L'évolution moyenne annuelle de la température urbaine entre 1990 et 1999 fait l'objet d'une seconde carte. Nos sept ensembles s'y retrouvent avec un nord affaibli et un bassin aquitain dissocié : Bordeaux se raccroche à la façade atlantique et Toulouse à une façade méditerranéenne à prolonger certainement vers Barcelone. Une large écharpe dépressionnaire sépare le bassin parisien au nord-ouest et l'axe Rhin-Rhône au sud-est de la France, atteignant la Lorraine dans ses œuvres vives. Elle n'a cessé de s'approfondir depuis 1962.

Cette seconde carte *(fig. 6)* est moins piquetée de noir que la précédente. Le nombre de villes dynamiques en France n'a fait que se réduire depuis une trentaine d'années. Lannion, Limoges, Cholet et bien d'autres villes avaient vu pâlir leur étoile entre 1982 et 1990. C'est à présent le tour de villes aussi importantes que Le Havre, Cherbourg, Brest, Lorient, Carcassonne ou Nancy.

On ne saurait pour autant parler de désaffection vis-à-vis des villes petites et moyennes. Les sondages affirment régulièrement le contraire, mais la crise est passée par là : seule la très grande ville peut assurer une relative sécurité de l'emploi pour les couples. Même des chefs-lieux de région sont touchés.

L'inflexion positive ou négative de l'évolution de la température démographique entre les années 1982, 1990 et 1999 fait l'objet de la troisième carte *(fig. 7)* relative aux températures. Le partage du territoire en grandes régions économiques y reste lisible. Bassin Parisien, Nord, grande Région lyonnaise et Littoral Méditerranéen sont en phase de ralentissement. À contrario, Massif Armoricain et surtout Alsace et Lorraine sont en phase d'accélération. Le grand Bassin Aquitain connaît une évolution plus contrastée : ralentissement en Gironde et moyenne Garonne, accélération en haute Garonne. Par-delà l'armature urbaine, les vieux massifs érodés gagnent plus de population ou en perdent moins : vieillissement, lointain desserrement parisien, résistance des villes moyennes…

Cette troisième carte mérite d'être rapprochée de celles antérieurement publiées à Rennes par l'Insee. Sous l'influence de mystérieux chefs d'orchestre, accélération et ralentissement y touchent des régions voisines, justifiant tantôt l'un, tantôt l'autre regroupement proposé par la Datar. La Basse-Normandie hésite entre ses attaches parisiennes et armoricaines ; haute et basse Garonne connaissent autour de Toulouse et de Bordeaux des inflexions de leur évolution souvent différentes.

Jeunesse et attrait des territoires

Deux phénomènes bien distincts, le bilan naturel, écart entre les naissances et les décès, et le bilan migratoire, écart entre les arrivées et les départs d'habitants, font varier la population d'un

Jeunesse et attrait des départements
Excédent des naissances et excédent migratoire

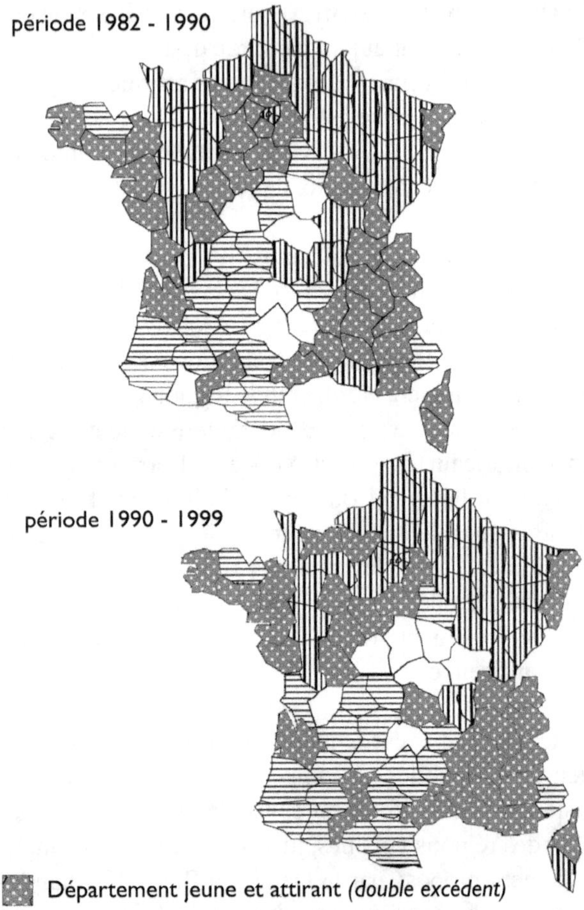

- Département jeune et attirant *(double excédent)*
- Département jeune mais déserté *(les naissances l'emportent sur les décès)*
- Département attirant mais vieux *(l'immigration l'emporte sur l'émigration)*
- Département vieux et déserté *(double déficit)*

fig. 8

territoire. La carte ci-contre *(fig.8)*, relative à la période 1990-1999, permet d'apprécier pour chaque département chacun d'eux. Un excédent des naissances sur les décès y est signalé par des hachures verticales, signe de jeunesse, et un excédent des arrivées sur les départs par des hachures horizontales, signe d'attrait. Un gris uni signale les départements où les deux composantes s'additionnent.

Trois vastes régions sont jeunes et attirantes. La première correspond au pôle parisien. Entourant complètement la ville avant 1990, elle se coule ensuite au long de la Seine et de la Loire moyenne. La rapidité des trains mettant Caen à une heure de Paris et Poitiers à deux heures doit expliquer cette concentration en deux directions. Sont également jeunes et accueillants le sillon rhodanien et, plus modestement, le littoral armoricain. Marqués par une ville importante, quelques départements isolés s'y ajoutent. Mulhouse, Montauban et Clermont-Ferrand ont ainsi rejoint, depuis 1990, Strasbourg, Toulouse et Bordeaux.

Nulle part ailleurs jeunesse et attrait ne conjuguent leurs effets. Formant arc autour de Paris, de nombreux départements parfois très peuplés sont jeunes, mais ont un bilan migratoire négatif. À l'inverse, dans le sud-ouest, la plupart des départements sont attirants mais vieux. Quelques départements au nord du Massif central sont vieux et désertés. Excédent des décès sur les naissances et bilan migratoire négatif s'y conjuguent pour faire baisser la population. Manifestement, les 21 régions ne sont pas à l'échelle des phénomènes observés.

Quand la France déménage

L'étude exceptionnelle des changements de résidence observés par l'Insee entre le 1er janvier 1982 et le recensement de 1990 donne une image précise de la façon dont le territoire se distribue sous l'influence de ses pôles locaux ou régionaux de développement.

255 petits bassins d'habitat, construits de telle sorte que les individus changeant de canton soient toujours plus nombreux à demeurer dans les limites de leur petit bassin d'habitat qu'à migrer vers un autre, ont été mis en évidence en un premier temps. Ils contiennent la plupart des changements de domicile entre cantons et donnent une image originale de la France des

fig. 9

De grands bassins d'habitat

source : Insee, changements de domicile entre 1982 et 1990

fig. 10

Les parlements en 1789

Les traites vers 1750

villes. Pris comme unités à la place des cantons, ces petits bassins non représentés ici peuvent à leur tour être regroupés en quelques grands bassins cohérents, les individus changeant de petit bassin étant toujours plus nombreux à demeurer dans les limites de leur grand bassin d'habitat qu'à migrer vers un autre grand bassin.

Ainsi ont été mis en évidence douze regroupements cohérents. Localement cependant, le résultat laisse à désirer. Le mariage au sein d'un même arrondissement de Grenoble avec Voiron et de Saint-Etienne avec Saint-Chamond n'en fait pas des grands bassins pour autant. Si, mettant ces couples au nombre des petits bassins, l'on avait compté 253 bassins au lieu de 255, Grenoble et Saint-Etienne auraient immédiatement rejoint Lyon, accompagnés d'Annecy, le tout pouvant tailler des croupières aux régions voisines. De là neuf grands bassins d'habitat seulement.

Respectant par construction les limites cantonales, le découpage obtenu épouse à peu près partout les limites départementales et régionales. Un immense bassin parisien couvre la Sarthe, la Vienne, la Charente limousine (Confolens) et neuf régions entières, laissant seulement Mâcon s'échapper vers Lyon. La région de Bordeaux ne pouvait échapper à Paris qu'en s'appuyant sur Nantes ou Toulouse, solution retenue comme la plus cohérente. On notera sur l'axe Rhin-Rhône l'émiettement des anciennes terres d'Empire.

Cette carte des grands bassins d'habitat *(fig.9)* est étonnamment proche de celle déjà citée esquissée en 1963 par Jean Hautreux et Michel Rochefort dans leur analyse de l'armature urbaine nationale. Ses racines historiques sont profondes. Soulignant combien l'axe Paris-Orléans a toujours été de première importance pour la monarchie capétienne, Félix Damette, dans La France en villes, évoque le ressort des Parlements provinciaux à la fin de l'Ancien Régime. La carte des traites foraines *(fig.10)*, ou droits de douane, est tout aussi intéressante avec les cinq grosses fermes centrées sur l'Ile-de-France, les provinces réputées étrangères et les provinces à l'instar de l'étranger communiquant librement avec l'étranger.

Arrêtons là notre examen. Bien d'autres images pourraient être données de la façon dont s'organise notre espace national.

fig. 11

Un Massif central ici respecté

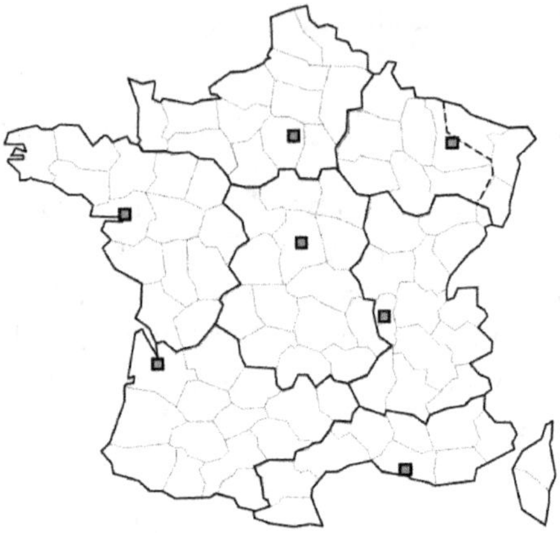

Projet Henri Mazel (1907)

fig. 12

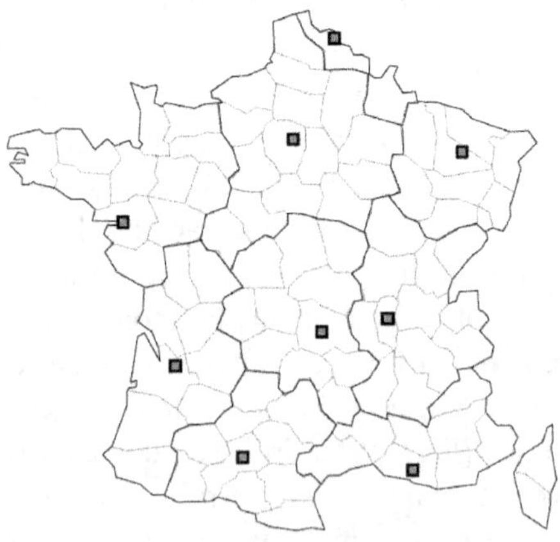

Projet Jean Labasse (1961)

Les unes expriment une certaine polarisation – lecture des grands quotidiens, domination des sièges sociaux, appels téléphoniques hors des départements – les autres au contraire une certaine homogénéité – dimension des communes, dispersion de l'habitat, matériaux de couverture traditionnels, échec scolaire, mortalité, pratique religieuse, votes en faveur de l'Europe ou de la régionalisation pour ne pas parler des positions prises par les différents peuples de l'hexagone lors de la guerre des Gaules. Souvent accordées, ces images montrent une structuration du territoire dépassant largement le cadre des régions actuelles.

Vers de grandes régions

Nombre de géographes, économistes ou hommes politiques ont cherché depuis deux siècles à dessiner des grandes régions. Nous avons présenté plus haut différentes options de source Datar. On peut y ajouter les découpages proposés par Henri Mazel en 1907 et Jean Labasse en 1961

La diversité des projets illustre la difficulté des choix : Normandie dissociée, parisienne ou réunifiée ? Massif central éclaté ou respecté ? Toulouse aquitain ou méditerranéen ? Quid des seuils poitevins ou bourguignons ? Quid de la Franche-Comté et du sud de l'Alsace si la Suisse intègre l'Europe ? Et le Nord, et la Ligurie ? La formation de grandes régions interstitielles offrirait l'intérêt de freiner une croissance jugée démesurée des métropoles. Cela pourrait conduire à réduire l'ampleur du bassin parisien et à créer un pôle de résistance dans le Massif central.

L'extension donnée à la région parisienne commande directement ou indirectement celle des autres régions. L'Ile-de-France est aujourd'hui trop petite, n'étant dépassée en superficie que par la Corse et l'Alsace. Il s'agit d'une anomalie. Certes, avec ses 396 communes et ses 9 645 000 habitants, l'agglomération parisienne demeure contenue en 1999 dans les limites de la région, mais c'est ne considérer que la continuité du paysage bâti. Fondée sur les navettes quotidiennes de travailleurs, l'aire urbaine de Paris déborde largement sur les cinq régions voisines. En agrégeant les communes ayant au moins 40 % de la population active travaillant dans l'agglomération ou dans d'autres communes semblablement attirées, elle compte 11 175 000 habitants. Egalement fondé sur les navettes quotidiennes de travailleurs, le bassin d'emploi de Paris construit de façon cohérente en considérant partout l'attraction la plus forte compte à peu près douze millions d'habitants. Beauvais, Evreux, Dreux, Montargis et bien d'autres villes situées hors d'Ile-de-France s'y joignent. Bien entendu, la région parisienne proprement dite est plus vaste encore.

Le thème des grandes régions est porté de nos jours par un courant fédéraliste désireux de voir émerger sur notre territoire de vraies Régions-État sur le modèle catalan, bavarois, sarde, écossais ou gallois. Certains nient qu'il faille donner aux régions une « taille européenne ». La taille ne serait pas nécessaire à l'autonomie et au bonheur comme le montrent les cas du Luxembourg, d'Andorre ou de Guernesey. Mais ces petits États autonomes n'ont pas à lutter contre une puissante administration. Chez nous il faut du poids pour résister à l'hégémonie parisienne. En 1999, les trois régions armoricaines comme les quatre régions du sud-est totalisaient 7 550 000 habitants. Nettement moins que la seule agglomération parisienne.

Deux voies permettent la mise en place de grandes régions, l'une propre à l'État, l'autre à la disposition des collectivités territoriales. La première implique une large dévolution des responsabilités actuellement exercées dans les administrations centrales civiles et militaires. 130 000 fonctionnaires y travaillent dont beaucoup pourraient, dans de grandes régions, exercer les mêmes responsabilités. Le départ en retraite de nombreux fonctionnaires en ce début du 21e siècle pourrait être une opportunité à saisir. Les remplacer sur place serait plomber lourdement la France pour des siècles.

Les petites révolutions à mener à cette occasion dans les ministères et organismes assimilés doivent être soigneusement pensées. Prenons le CNRS par exemple, dispensateur souverain, et pas toujours politiquement neutre, de reconnaissance et de crédits aux laboratoires des universités. Celles-ci se sentiraient-elles moins serves si, de façon plus fraternelle, des grandes régions labellisaient leurs laboratoires et répartissaient les crédits ? Au lieu de filer à l'étranger, certains chercheurs actuellement bridés pourraient-ils jouer la concurrence entre grandes régions ? À expérimenter…

Nombre d'administrations se sont structurées déjà en grandes régions, malheureusement dans des géométries mobiles et trop souvent différentes. Certaines ont tenu compte de la géographie ; d'autres ont seulement voulu équilibrer le travail de leurs inspecteurs. Beaucoup ont reculé devant l'ampleur à accorder à la région parisienne. Jean-Marc Benoit, Philippe Benoit et Daniel Pucci, dans La France redécoupée, Belin 1998, ont livré une riche information sur ces découpages et sur ceux de nombreuses firmes privées.

Pour les circonscriptions électorales européennes, l'on a simplement voulu équilibrer les populations.

La seconde voie pour constituer de grandes régions passe par des regroupements volontaires. Il faudra accepter des démarches diversifiées. De grandes régions, comme la Bretagne Armorique, la grande Aquitaine ou un éventuel Massif central, mettront en avant leur homogénéité, leurs réseaux de villes, la complémentarité de leurs pôles. D'autres, comme le Nord, la force de leur métropole. Il n'est pas de modèle unique. Il ne faudra pas précipiter la réforme. Une grande région peut naître sans attendre que prenne l'ensemble de la mayonnaise. Elle devra seulement rester ouverte à toute demande de modification ultérieure de ses limites.

Depuis 1992, les fusions de régions sont facilitées à l'extrême ; de simples délibérations convergentes des Conseils régionaux suffisent à la décision. Tiraillée entre son enracinement armoricain et un Grand Paris ouvert sur la mer, la Normandie n'a pas su en profiter. Dans l'ouest armoricain, le départ simultané des présidents Bourges et Guichard aurait pu permettre la fusion de deux régions. La Sarthe ou les Deux-Sèvres auraient pu demander ultérieurement à changer de région, démarche facilitée si demain les mêmes élus devaient siéger au département et à la région. Le courage alors a peut-être manqué.

Il faudra cependant du temps pour harmoniser les volontés locales. Le 22 juin 2001, par 46 voix pour, 1 contre et 3 abstentions, le Conseil général de Loire-Atlantique a adopté un vœu pour la reconnaissance institutionnelle de l'identité bretonne du Département, demandant au gouvernement « d'initier le processus législatif permettant de réunir les cinq départements bretons, associés aux départements voisins qui le souhaiteraient, dans une grande région ». Le 2 juillet suivant, le Conseil régional de Bretagne, réaffirmant à l'unanimité son vœu de 1997 en faveur de la réunification de la Bretagne, évoque sur demande socialiste « le risque de dilution de la Bretagne dans un grand ouest aux contours et à l'identité mal définis ». Les Bretons purs et durs redécouvriront-ils un jour les antiques solidarités armoricaines ? Veulent-ils vraiment rejeter vers Paris des voisins prêts à vivre avec eux un destin commun ? Actuellement les chefs-lieux de région de Nantes et de Rennes ont en charge neuf départements ; faudrait-il ramener ce nombre à cinq, fermer un rectorat, une direction régionale de l'Insee, une chambre régionale des comptes, et le reste à l'avenant ? Certes, il faudra bien quelque peu perturber le traintrain de nos administrations si l'on fusionne deux régions ; mais ce doit être de façon minimale si l'on veut avancer. Jean-Marc Ayrault, maire de Nantes, déclare à qui veut l'entendre qu'il ne veut pas d'une Bretagne étriquée. La majorité des Bretons se sont prononcés dans un sondage Ifop-Ouest-France en mars 2009 pour une Bretagne plus ou moins élargie. La Bretagne Armorique, pour reprendre une appellation ancienne, sera-t-elle la première grande région, dans la nation, à se mettre en marche ?

La question de savoir si, dans une Europe définitivement pacifiée, la nation française doit se vivre comme une grappe de grandes régions exprimant dans une même langue une sensibilité enrichie d'apports atlantiques, méditerranéens, germaniques, et depuis peu beaucoup plus exotiques est incontournable.

De grandes régions pourraient avoir leurs lycées et leurs aéroports internationaux, une télévision assise sur une partie de la redevance comme jadis réclamé par la région Nord, une école sérieuse de paysagistes adaptée à leur image ; elles pourraient assumer au plus près du terrain des fonctions actuellement centralisées comme la gestion du patrimoine foncier de l'État ou celle des chantiers d'archéologie préventive ; elles pourraient accueillir, éventuellement en se regroupant, certaines collections nationales devenues inaccessibles par suite de leur éloignement, plans-reliefs du Musée des armées à Lille ou collections du Musée des arts et traditions populaires à Marseille. Alors sera réalité le rêve français de Goethe et celui de Charles de Berry.

Loeiz LAURENT,
Petits départements et grandes régions, proximité et stratégies,
L'Harmattan 2011, chapitre 5

Commentaires de LF

Il y a dans les arguments présentés par Loeiz de vraies questions qui ne manquent pas d'alimenter le débat ou la perplexité. L'idée que de grandes Régions, disons par exemple une de celles issues de la « réforme » de 2014 impulsée par le Gouvernement Valls pour des raisons d'économies budgétaires nécessaires pour respecter les engagements de la France vis-à-vis de l'Union Européenne, c'est-à-dire Languedoc-Midi-Pyrénées-Roussillon (ouf !) pourraient avoir une cohérence est discutable. D'après Loeiz, une Région de cette taille résisterait mieux aux conformismes du pouvoir central, pour ne pas écrire ses archaïsmes.

De prime abord, cela parait logique. Mais ça ne pourrait fonctionner qu'au prix de conditions que je vois mal se mettre en place spontanément :

- Moyens et compétences accrus pour qu'une Région française puisse discuter d'égale à égale avec une Région allemande, britannique, espagnole, italienne polonaise...
- Des dirigeants régionaux se consacrant exclusivement

à ce mandat, ce qui implique l'abolition du cumul des mandats.

- Cadre global permettant des expérimentations conduisant à des pratiques différenciées selon les Régions.

- Suppression immédiate et définitive des Conseils généraux.

- Instauration des Pays comme collectivités de plein droit en lieu et place des EPCI.

- Fiscalité et prélèvements sociaux totalement revus.

Dans les contenus de ma conférence « Territoires du futur» donnée dans plusieurs lieux de Bretagne, après avoir contextualisé les mutations principales en cours et à venir, je propose une articulation territoriale selon : Commune / Pays / Région / Union Européenne. Le système électoral retenu est la proportionnelle intégrale – seul système réellement démocratique, les autres sont des artéfacts - ; les relations d'un niveau avec l'autre relèvent de la hiérarchie enchevêtrée, c'est-à-dire une combinatoire qui fait que les dirigeants d'un niveau se doivent de prendre en compte mécaniquement les intérêts des autres niveaux, ce qui évite tout clientélisme ciblé. Enfin, chaque niveau dispose de ses ressources fiscales définies, dédiées, et dont il a l'entière responsabilité.

Page suivante, je mets un texte de ma plume paru au Printemps 2014 (www.lemonde.fr), pour montrer qu'une autre approche « culturelle » est possible.

LE FUTUR DES RÉGIONS

Le Général De Gaulle a écrit que les cultures étaient plus fortes que les idéologies ; signifiant que les composantes de la culture d'un peuple (au sens complet du terme), c'est-à-dire la combinatoire de géographie + pratiques socioéconomiques + histoire + pratiques sociales et culturelles + croyances… étaient déterminantes pour assurer l'engagement des hommes dans des processus coopératifs de prospérité. Le cas de l'Union Soviétique lui a donné raison : lorsqu'un système politique de nature coercitive, qui a tenté durant sept décennies de construire l'homme nouveau, se délite, on retrouve quasi intactes les cultures russe, azéri, moldave, géorgienne, etc.

La réforme régionale envisagée est absurde. Dans une visée purement technocratique qu'on croyait révolue et digne d'un passé vieux d'un demi-siècle, l'idée de diviser par deux le nombre des régions métropolitaines est irresponsable car totalement contraire aux cultures des peuples de France. Qu'on le veuille ou pas, il n'y a pas d'égalitarisme républicain, les rapports de la Cour des Comptes le démontrent depuis des années ; de plus, on n'organise pas la vie collective productive et sociale de la même manière à Soissons et à Perpignan. De même, nous constatons que dans moult « Départements » de France des panneaux sont réapparus tels qu'Anjou, Touraine, Dauphiné, Bretagne, Catalogne, Picardie, Savoie… Il faut donc revenir aux fondamentaux culturels.

Entre 2015 et 2030, voilà ce qui peut se faire sans heurts.

Temps-1 : annoncer la suppression des Départements, laisser les provinces historiques s'exprimer et s'affirmer, et peu importe que l'on se retrouve avec 30 ou 40 provinces ; et qu'on ne nous ressorte pas l'argument de la taille, c'est un critère non-significatif : est-on hostile au fait que le Luxembourg, l'Islande, le Danemark, le Land de Brême, le Val d'Aoste soient petits, cohérents… et prospères ? Ce qui est déterminant pour la prospérité c'est la confiance que les habitants ont dans leurs socles culturels et socio-économiques communs.

Temps-2 : serait proposé un processus de mariage entre les provinces affirmées et reconnues qui le voudraient ; cette démarche devrait être calquée sur les processus de votation utilisés en Suisse, ce qui implique de prendre le temps des explications, d'avoir des débats contradictoires dans toutes les sphères économiques, sociales, associatives, d'enseignement… Le mariage devra se traduire par une économie d'échelle des moyens mutualisés.

Temps-3 : serait proposé aux provinces seules et aux provinces mariées un processus de coopération renforcée entre elles, y compris avec des régions extra-françaises, Savoie et Val d'Aoste, Alsace et Land germanique, Artois et Wallonie, Roussillon et Catalogne… à titre d'exemples pour illustrer ce troisième temps.

Pour un retour aux fondamentaux fructueux, il faudrait doter ces espaces humains cohérents du triptyque Compétences + Moyens + Responsabilités. Pour mémoire, la Région Bretagne actuelle a un budget de l'ordre de 1 G€ ; pour une population inférieure, celui du Pays de Galles est de 20 G€. Et plus question de venir pleurer auprès de papa État, il faudra assumer ses choix.

Liam FAUCHARD / FutureScan / Mai 2014

NB = Dans la pratique nous passerions de 125 institutions (Départements + Régions) en France Métro à... sans doute une trentaine. Quel choc de simplification !

AJOUT : L'AMÉNAGEMENT DU TERRITOIRE EN 2015

Le texte qui suit, retrouvé dans les archives du Groupe FUTUROUEST, fut publié en Mars 1995 dans la revue Futuribles. S'il s'agit bien d'une œuvre collective (une quinzaine de personnes de Futurouest y a participé), la « patte » de Loeiz Laurent est indéniable. Il m'est apparu juste de le faire figurer dans ce dialogue posthume.

LF

Nous sommes en 2015, l'Union Européenne se compose d'une cinquantaine de grandes régions autonomes. Sept grandes régions francophones s'imposent par leur forte présence culturelle. Couvrant l'équivalent de douze anciens Départements, l'Armorique est l'une d'elle et comprend 49 bassins de vie (voir la carte qui montre pour la Bretagne les aires d'attraction des villes-centres de chaque bassin). Les compétences de gestion administrative sont maintenant partagées entre l'Europe, les États-Régionaux, les Bassins de vie, les Communes.

L'Europe des Régions

Tocqueville a été entendu. L'organisation européenne est légère. L'Europe ne se mêle plus de subventionner le métro napolitain ou la salle multimédia de Rostrenen. Aucune ingérence européenne, aucune mode administrative (par exemple la mode des piscines, des rues piétonnes, des murs d'escalade, etc.) ne vient fausser les arbitrages budgétaires réalisés au plus près des populations concernées. Le principe de subsidiarité est respecté, les politiques européennes de rééquilibrages passent par des dotations globales aux États Régionaux et aux Bassins de Vie.

En tout territoire disposant d'une administration et d'un budget, la vie a tendance à se regrouper en un lieu privilégié. Ce phénomène a joué pendant des siècles dans les territoires communaux, départementaux ou étatiques ; comment échapper, en Europe, à cette apparente fatalité en conservant le bénéfice d'un espace économique intégré et la monnaie unique ?

Un vieux projet est ressorti : que les employeurs de main-d'œuvre déplacée par les forces d'attraction des marchés supportent une taxe salariale redistribuée par l'Europe au profit des Régions d'origine. Que les travailleurs indépendants y versent semblablement un impôt additionnel sur leur revenu. L'équilibre du territoire est alors conciliable avec l'intégration économique. L'Europe ainsi régulée a pu affronter les difficultés de l'élargissement sans risquer l'embardée fatale. Elle a pu s'étendre à l'Est sans effets pervers. Le Maghreb frappe à sa porte dans de bonnes conditions.

La France se compose désormais de sept grands États Régionaux comparables par la puissance et l'organisation à la Bavière, l'Ecosse ou la Catalogne. L'appel révolutionnaire de Mars 1968 *(voir page 123)* a été entendu, ainsi que celui de 1981 [*]. En voulant disséminer sur son territoire des morceaux d'administration centrale, Paris souhaitait, sans rien changer à sa logique unitaire, faire du Pays une seule grande région européenne. Les débats de 1995-1996 ont conduit à privilégier une autre orientation.

[*] *« La France a eu besoin d'un pouvoir fort et centralisé pour se faire. Elle a aujourd'hui besoin d'un pouvoir décentralisé pour ne pas se défaire. » François Mitterrand, Paris, 15 Juillet 1981.*

Après d'intenses discussions, les taxes sur les tabacs, les alcools, les produits pétroliers et la redevance radio-télévision, tout en gardant des taux voisins, sont venues alimenter les budgets des sept Régions prenant en charge l'enseignement supérieur, les grandes infrastructures de transport et la culture – y compris la radio, la télévision et les télécommunications… L'heure n'est plus à mettre l'ENA (Ecole Nationale d'Administration) à Strasbourg ou la DATAR (Délégation à l'Aménagement du Territoire et à l'Action Régionale) à Mende. Dans chaque État Régional, grâce au télé-enseignement, les Instituts Régionaux d'Administration se sont largement ouverts à la société civile dans leur mode de recrutement et forment aux plus hauts postes.

L'administration de la fonction publique a été déconcentrée ; les concours sont régionalisés. La mobilité des fonctionnaires entre les administrations a été développée. Le ministère de l'Education Nationale n'est plus le deuxième employeur du Monde après l'armée russe ; tout se passe désormais dans sept grandes Régions comptant seulement chacune de cent à deux cent mille fonctionnaires de l'éducation. L'achèvement de la construction européenne a éliminé tout risque de guerre intra-européenne. Les stocks d'armes et de munitions sont dispersés mais leur clé d'utilisation appartient aux autorités fédérales européennes. Les forces défensives sont organisées sur une base territoriale : les forces d'intervention sont européennes.

Régions et Bassins de Vie

Pendant près de deux siècles, le Département a cumulé en France une fonction régionale et une fonction supra-communale ou locale. La création de Régions puissantes lui permet de se consacrer à sa fonction locale. Appelé à se rapprocher des Communes, il a laissé la place à des territoires plus petits, plus proche de l'arrondissement ou du district scolaire. L'intercommunalité établie au niveau du canton s'est révélée impuissante face au déclin des campagnes. Un Bassin de développement autonome doit comporter au moins un lycée et l'espace rural ne saurait se développer sans la ville. La communauté ville-campagne comportant une cinquantaine de Communes est aujourd'hui la véritable unité de développement, authentique Bassin de Vie structuré autour d'une ville-centre, avec à sa tête une instance élue au suffrage universel – et un préfet pendant la période transitoire -, levant l'impôt, votant des budgets et doté d'un projet de développement global.

La mise en place de ces Bassins de Vie s'est faite à partir des réalités vécues par les populations : fréquentation des infrastructures de base, migrations domiciles-lieux de travail, domiciles-lieux de consommation, domiciles-lieux de loisirs, domiciles-lieux de santé principaux… L'étude de la polarisation de l'espace par le peuplement montre que le Bassin de Vie, comme la grande Région, sont des espaces cohérents avec le vécu des habitants.

fig. 13

Les Bassins de Vie bretons

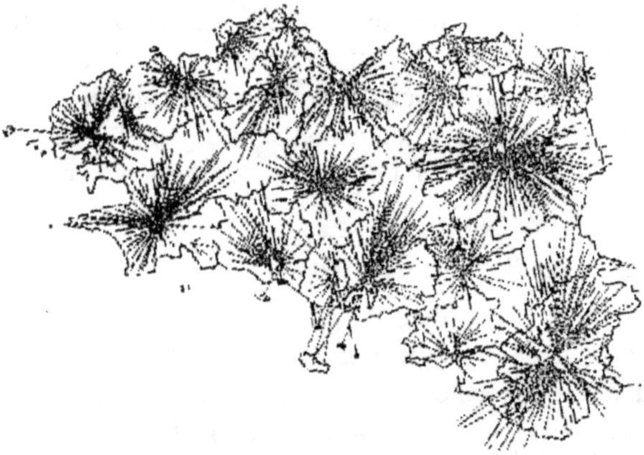

Le Bassin de Vie ne correspond pas à un découpage administratif arbitraire, mais représente le territoire où s'organise, autour d'une ville centre, la vie des populations (emplois, scolarité, santé, consommation, etc.). Sur la carte présentée ici, on voit les Bassins de Vie bretons tels qu'ils apparaissent au vue des observations du terrain. Les étoiles représentent notamment les aires d'attraction des centres commerciaux principaux. ■

Très rapidement ces territoires sont apparus comme mieux dimensionnés pour traiter aussi bien de l'urbanisme commercial que du ramassage des ordures ménagères, de la sécurité incendie ou des transports scolaires. En outre, on assiste à des comportements à géométrie variable, plusieurs Bassins de Vie pouvant se joindre temporairement sur la base du partenariat pour mener un projet commun ou intervenir sur un sujet donné qui les concerne.

Les Bassins de Vie bretons

La fin des Départements s'est faite dans la douceur. Il n'a pas été possible de transformer brutalement un mode d'administration multiséculaire. Un nouveau territoire s'est mis en place à titre expérimental en 1996, écornant trois anciens Départements. Quelques autres ont suivi l'année d'après. La conquête de l'ensemble du territoire par la nouvelle administration s'est étalée sur une génération, c'est-à-dire une trentaine d'années. La Loi de 1995 sur l'aménagement du territoire ayant autorisé des expérimentations dans des Bassins de Vie en situation critique, nombreuses ont été les candidatures pour adopter les nouvelles configurations territoriales. Seule exigence au départ, une ville, un minimum de quarante mille habitants et un projet de développement. Pendant la phase transitoire, la présence de l'État français dans les nouveaux Bassins de Vie fut essentiellement interministérielle, sous l'autorité d'un préfet (les sous-préfets ont disparu). Le nouveau territoire est en effet pour tout ce qui concerne le service des populations un lieu d'arbitrage budgétaire. Santé, culture, sport, éducation, routes, logements… tout se décide sur place, dans le respect des normes et des constitutions française puis européenne.

Ce sont les villes qui ont demandé le plus rapidement la création de territoires distincts : Brest et Quimper avec le Finistère, Le Havre et Rouen avec la Seine-Maritime, Bayonne et Pau avec les Pyrénées-Atlantiques. Brive, Cholet, Rochefort, Montluçon, Reims, Béziers… et bien d'autres villes ont demandé un remaniement territorial, mais c'est la France rurale avec ses structures administratives plus légères qui a lancé le mouvement : Redon, Bellac et Aubenas se disputent l'antériorité. L'expérience la plus intéressante est partie d'une volonté d'autonomie budgétaire : désir de rationalité dans les choix, volonté d'échapper à la mendicité projet par projet, déception devant l'inefficacité coûteuse du gel de la fermeture des services publics.

Dès 1997, pour l'investissement comme pour le fonctionnement, pour tout ce qui concerne le service des populations, le Bassin de Vie a reçu sa part démographique des budgets des structures antérieures, l'État et la Région. D'autres critères de calcul furent aussi utilisés : superficie du territoire, exode des jeunes, pauvreté des bases fiscales… Ce budget local sert, entre autres, à financer la rémunération de l'ancien personnel d'État désormais affecté sur le territoire nouveau.

Après en avoir débattu, les crédits de l'enseignement supérieur ont été mis dans la corbeille, bourses comprises. Cela a permis d'amorcer un virage local dans l'orientation des jeunes, virage qu'il était impossible de négocier d'emblée sur l'ensemble du territoire. Avant 1996, la société ne leur offrant rien d'autre et la limitation du nombre d'enfants aiguisant les appétits des parents, près d'un jeune sur deux s'orientait vers l'enseignement supérieur. La liberté budgétaire, qui a été acquise sur une petite parcelle de territoire, permet de proposer aux jeunes, à moindre coût, d'autres choix, d'autres expériences, en France et à l'étranger.

N'ayant plus d'avantages à montrer leurs plaies pour rester dans le champ de l'action des ministères, les territoires expérimentaux ont clamé leur satisfaction d'être et leur joie de vivre. Ils ont beaucoup dépensé pour une France plus belle. Les acteurs locaux ne craignent plus qu'une recherche de qualité de vie ne se retourne contre ses initiateurs, les autres territoires leur logique de mendicité et d'adéquation avec les programmes des ministères.

Nouveaux territoires et innovations

Dans le cadre des nouveaux territoires – Bassins et Grandes Régions -, dès 1996 des innovations ont pu se mettre en place dans les domaines de l'emploi et de la scolarité, en phase avec les besoins réels des populations. Les particularités du chômage français dans les années 1990 s'arrêtaient aux frontières de la République, preuve qu'il dépendait largement des institutions nationales et des corporatismes. Les rigidités hexagonales interdisaient d'explorer certaines voies comme l'avait montré le passage aux 39 heures payées 40 ou le recrutement de 200 000 fonctionnaires en 1982. Il a fallu mener des expérimentations locales.

Les situations acquises ont pu être remises en cause sous quatre conditions :

- Conformité à la constitution française et aux règlements européens ;
- Extension généralisable à l'ensemble des Bassins de Vie ;
- Base territoriale cohérente ;
- Consensus local.

Les pistes à explorer étaient connues et contradictoires : partage du travail, allocation universelle, allocation de libre choix, dérégulations… La surprise est venue d'un Bassin de vie fortement industrialisé qui a décidé d'allonger la durée du travail à salaire constant. Les bénéfices obtenus ont été intégralement investis en nouveaux postes de travail, la propriété des outils financés ainsi revenant aux travailleurs ayant fourni l'effort, grâce à des actions négociables ultérieurement. Et cela a marché. L'innovation ne s'est pas limitée à la restauration du plein emploi, mais cette innovation a été nécessaire car comment changer quoi que ce soit dans une société où chacun appréhende de perdre sa place.

La crise générait ses profiteurs ou du moins ses emplois particuliers : gardiens de prison, îlotiers, formateurs bidon ou distributeurs d'allocations ; seul le plein emploi pouvait permettre d'envisager d'autres horizons professionnels. Une innovation importante a touché la vie scolaire. En effet, si les actifs parisiens battaient en 1993 les records de la durée de déplacements pour se rendre à leur travail, le télétravail étant limité, les enfants ruraux, eux aussi, battaient des records de durée pour se rendre à l'école. Le recensement de 1997 ayant permis de prendre la mesure du phénomène, des expérimentations se sont multipliées.

Les cantons montagnards ont ouvert la voie. Un précepteur choisi par un groupe de parents mène les enfants d'un petit territoire jusqu'à leur certificat de fin d'études secondaires. Exigeant seulement des enfants le bon maniement de deux langues et des outils logiques, il les laisse se passionner pour les matières de leur choix, mettant les outils nécessaires à leur disposition. Il aide, motive, entraîne ; c'est le retour de la classe unique, à un enseignement de proximité. La reconversion pédagogique des enseignants suit son cours.

Après le coup de collier nécessaire au retour du plein emploi dans les Bassins de Vie, la réduction de la durée du travail a repris son cours.

Quantité d'activités humaines trop coûteuses pour être confiées au marché sont menées individuellement ou collectivement sur le temps ainsi libéré ; c'était depuis longtemps le cas de la chasse et de la pêche en rivière : c'est maintenant le cas de la pêche en mer, car le plus clair du poisson commercialisé provient d'élevages.

Les populations côtières se mobilisaient en 1990 pour reconstruire des vieux gréements. Elles se mobilisent au début du 21e siècle pour restaurer des remparts. On se retrouve entre voisins pour travailler la pierre ou le bois. La France s'embellit comme au Moyen Age ; sur les scènes, les troupes d'amateurs atteignent à une qualité professionnelle. Le grand menhir de Locmariaquer a été recollé et redressé avec le concours de la population.

Le partage de la redevance radio-télévision entre les grandes Régions a démultiplié la présence culturelle française en Europe et dans le Monde. L'Alsace-Lorraine, le Nord, la Lyonnaise, la Marseillaise, l'Aquitaine, l'Armorique et l'Ile de France ont renouvelé un imaginaire trop conventionnel, réveillant les racines celtiques, latines ou germaniques du peuple français… rapprochant la France du Tiers-Monde…

* * *

Commentaires de LF

Quelques années après la publication de ce texte, qu'à la relecture je trouve très puissant, dans une rencontre du Groupe Futurouest, à la question de l'universalité de notre approche du sujet, Loeiz convint que nous avions peut-être péché par idéalisme : ce qui était probable compte-tenu de la trame urbano-rurale de la Bretagne (voir la carte ci-dessus), ne l'était peut-être pas aussi facilement ailleurs en France. Reste la pertinence du texte, sans hésitation.

ÉPILOGUE

À l'Automne 2008, je rédigeai à la demande d'un client avec lequel j'avais sympathisé ce qui allait paraître en 2009 chez L'Harmattan *« Conduire une démarche de prospective territoriale »*. Ma fille puinée, Loïca, m'a demandé si j'avais aussi l'intention de publier mes « mémoires » de Consultant. Je lui répondis que je n'avais pas l'ego à ça, mais, avec son insistance, j'ai finalement publié *« Périples d'un Consultant 1987-2010 »* au Printemps 2013.

Mon ami Loeiz n'avait pas d'ego disproportionné non plus.

En guise d'épilogue, je commence par trois citations.

La première, il l'a souvent mentionnée et c'est lui qui l'a fait découvrir au « fils de 68 » que je suis – j'avais 20 ans lors du Printemps de la révolte.

L'évolution générale porte, en effet, notre Pays vers un nouvel équilibre. L'effort multiséculaire de centralisation, qui lui fut longtemps nécessaire pour réaliser et maintenir son unité malgré les divergences des provinces qui lui étaient successivement rattachées, ne s'impose plus désormais.

Au contraire, ce sont les activités régionales qui apparaissent comme les ressorts de sa puissance économique de demain.

Charles DE GAULLE, Lyon, 24 Mars 1968

La deuxième, qui rejoint sa modestie et sa lucidité sur ce que nous pouvons apporter de notre vivant à la communauté est de l'empereur MARC-AURELE (121-180 ap. J-C), *Pensées pour moi-même.*

Alexandre, Pompée, Caïus César, après avoir tant de fois ruiné de fond en comble des cités entières, après avoir massacré un nombre incalculable de cavaliers et de fantassins en bataille rangée, ont dû à leur tour aussi sortir de la vie.

Héraclite, après avoir tant disserté sur l'embrasement

du monde détruit par le feu, est mort d'hydropisie et couvert de bouse de vache. La vermine a fait mourir Démocrite ; une vermine d'une autre espèce a tué Socrate.

Qu'est-ce que tout cela signifie ?

Le voici : Tu t'es embarqué sur un navire ; tu as navigué ; tu es parvenu au port ; débarque !

La troisième me relie à mon tropisme irlandais :

« Cast a cold eye
On life on death,
Horsemen, pass by! »

[Épitaphe, sur la tombe du poète William Butler YEATS – Prix Nobel 1923]

LA NOSTALGIE DU FUTUR

Le passé n'est d'aucune utilité pour imaginer nos futurs possibles ; il est juste capable de nous aider à comprendre le présent (car sédimenté dans celui-ci). Une telle affirmation va étonner certainement, et pourtant c'est un constat récurrent quand on est praticien de la Prospective. L'un des trois fondateurs de la discipline, Gaston Berger qui inventa le substantif, écrivait dans un texte emblématique de Février 1957 qu'il fallait arrêter de faire des rétrospectives… pour se projeter dans le futur, sans a priori, sans préjugés, sans souhaitabilités mais uniquement en probabilités, puis, ayant construits objectivement plusieurs futurs possibles, choisir, appliquer, engager… et veiller pour contrôler les évolutions des éléments constitutifs du scénario choisi. *« Voir loin, large, profond, autrement et ensemble. »*

Pour illustrer mon propos, je donne trois exemples où le futur influence le passé, plus précisément la lecture que nous avons du passé. La plupart des historiens, du fait de la construction européenne à l'œuvre depuis 60 ans, considèrent que, plutôt de qualifier la guerre de 1914-1918 de guerre « mondiale » (ce qu'elle fut peu en regard du conflit suivant), il est plus précis de la nommer « guerre civile européenne ». Dans le même ordre d'idées, l'historien russe Michel Heller nous apprend combien la chute de l'empire soviétique a amené paradoxalement une relecture de ce qui s'est passé sous le règne du tsar Nicolas II, comprenant ainsi mieux par les analogies constatées les conditions de la chute des Romanov, aboutissant à la fin de l'autocratie tsariste. Nous trouvons aussi la relecture récente de la « Guerre des Deux-Roses » [15e siècle], période qui fut nommée désastreuse par les successeurs Tudor pour justifier leur autoritarisme alors que, paradoxalement, ce fut un siècle de prospérité.

Plus près de nous, l'INED – Institut National des Etudes Démographiques – a publié en Novembre 2013 une étude sur l'utilisation du vocabulaire démographique au long de l'histoire depuis le début du 18e siècle ; on y constate les variations en fonction des préoccupations du moment, puis, à rebours, la réintroduction de concepts récents pour décrire des évènements passés pour lesquels les observateurs de l'époque utilisaient… un autre vocabulaire [1] ; encore une influence du futur sur le passé.

La mise en miroir est évidente : le passé est bien perçu comme imparfait, il manque des informations, il amène des interprétations divergentes, des relectures recommencées ; tandis que le futur nous apparaît comme parfait : nous y mettons exactement ce que nous voulons ou souhaitons, ou encore des probabilités ouvrant sur des futurs possibles, donc des marges de manœuvre et de choix, ce qui est effectivement plus exigeant que des commémorations. Et n'oublions pas que le présent soumis à l'espace-temps est du passé qui s'ignore, et qui, plus encore que le passé ancien charrie des scories sémantiques, des superstitions, des croyances fortement perturbantes.

[1] = L'INED signale http://books.google.com/ngrams qui permet de voir les fréquences d'expression dans de nombreux domaines.

(LIAM - 2014)

CONCLUSION PROVISOIRE

En préambule, voici le texte intégral du courriel que m'a adressé Loeiz Laurent le 16 Juillet 2015 via le Web, à propos de son texte et de sa thèse (voir supra).

« Mon souci étant qu'après effondrement du pouvoir parisien et les risques de guerre civile qui s'ensuivront, les Bretons se désolidarisent des partis en lice, eux toujours prompts à épouser les causes les plus nobles pendant que les autres provinces comptent les coups.

Tout dans mon projet renverra le lecteur à l'image d'une Bretagne maîtresse de son destin même si c'est la seule hypothèse qui en sera absente ; mais les Bretons sont aujourd'hui trop divisés sur la question qui doit rester hors polémique.

Seul but de l'opération, sauver l'unité bretonne en cas d'effondrement du pouvoir central. Une unité ouverte comme l'avait admis un ancien président de la Région.

- En cas d'effondrement de l'État et si nous réunissons à maintenir à flot un radeau breton, allons-nous frapper à coup d'aviron sur les mains de ceux qui, à nos marches, voudraient s'y raccrocher ?

- Bien entendu, non.

Je ne faisais là que reprendre les termes du vœu du Conseil Général de Loire-Atlantique sur la réunification, vœu que Josselin de Rohan aurait repris à l'identique si Jean-Yves Le Drian, alors chef de l'opposition, ne s'y était opposé. Une erreur historique devenue rituelle dans le mouvement breton.

Mieux vaut perdre tous nos combats en s'acharnant sur ceux qui nous tendent la main plutôt qu'en gagner un seul.

Ainsi nous pourrons continuer nos aboiements de chiens opprimés… »

Le lecteur aura pu pénétrer dans les manières de raisonner de Loeiz Laurent quant à sa passion portée à l'aménagement du territoire, et à la place de la Bretagne dans l'Histoire et dans les évolutions structurelles politiques futures.

Il est aussi maintenant évident pour le lecteur que notre dialogue posthume met en évidence des approches différentes ainsi que des perspectives contrastées. Nous ne pouvons pas dire que ce serait une question de générations puisque l'écart d'âge entre nous deux est de l'ordre de quinze années. La différence principale vient de nos parcours respectifs, c'est assez classique.

J'ai souvent fait remarquer à Loeiz qu'il restait trop déférent vis-à-vis du pouvoir étatique français et la prétendue « Révolution ». Ma présence effective lors des évènements de Mai 68 débouchant sur une adhésion jamais reniée envers l'autogestion (Sinn fein, comme disent mes amis irlandais « Nous-mêmes »), donc mélange d'autonomie et de responsabilité, m'ont amené – et Loeiz fut aussi de ceux qui m'apportèrent des données factuelles allant dans ce sens – à reconsidérer les bienfaits de 1789.

La supercherie repose sur le fait qu'entre la Nation (en réalité l'État) et l'individu (rebaptisé citoyen pour la circonstance) il n'y a rien, d'où la suppression de tous les corps intermédiaires par la loi Le Chapelier et les décrets d'Allarde. Relevons au passage que ceci induit pour un employé un total dénuement de pouvoir vis-à-vis d'un employeur, la « Révolution » a ainsi permis l'exploitation forcenée des ouvriers au 19e siècle, avant que, équilibre oblige, les droits sociaux et syndicaux s'imposent. Enfin, signalons qu'en physique une « révolution » consiste à produire une trajectoire... qui revient à son point de départ.

Pour finir, je mets à partir de la page 75 un texte rédigé à en-tête Clisthène – 6e siècle avant Jésus-Christ -, qui institua la démocratie à Athènes.

Le lecteur comprendra que :

- Grosso modo, Loeiz et moi partageons une vision de la Bretagne au futur avec l'articulation Pays-Régions.

• Je ne partage pas sa thèse « Oui à la réunification de la Bretagne, et nous rejoint qui veut ».

C'est pour moi totalement contradictoire avec ce que je mets en évidence dans « Le futur des Régions », c'est-à-dire la puissance de la Culture comme déterminant de l'engagement des femmes et des hommes dans la prospérité de leur territoire. Il s'agit d'un acquis de réalité, en aucune manière une volonté de repli puisque je défends toutes les formes de coopération équilibrée possible.

Néanmoins, comme nous venons de le lire dans le préambule ci-dessus, nos positions respectives n'épuisent pas le débat et les souhaits de Loeiz ne peuvent pas être rejetés sans discussion sérieuse. Après tout, il ne faut jamais insulter l'avenir.

Pour en revenir à sa thèse, je dirais : Bretagne réunifiée.

Maine et Loire, c'est l'Anjou. La Mayenne, c'est le Maine. La Vendée fut toujours historiquement poitevine. La Sarthe est dans l'orbite du Bassin Parisien, etc. Je laisse aux habitants de ces territoires la liberté et la responsabilité de déterminer eux-mêmes leur futur et de choisir leurs coopérations et leurs alliances. De ce point de vue, je considère que mon ami Loeiz qui fut un « gaullien » convaincu, aurait apprécié ce mécanisme... d'auto-détermination.

En revanche, Loeiz m'a souvent dit « Les Deux-Sèvres marchent avec nous » (le granit ?). Ce serait très novateur car sans continuité territoriale. Why not ?

LIAM / Septembre 2015

* * *

CLISTHENE

UN AUTRE DANEMARK

(Étude sur un ancien Pays qui souhaite recouvrer sa plénitude)

Pour la commodité de lecture, le Pays de référence est nommé DK, tandis que le Pays en devenir est nommé FUTURA.

DK est un Pays « indépendant » en ce sens que, pour une large partie de ce qui concerne la vie de ses habitants, il a grande liberté d'organisation et de fonctionnement, même si, pour certains sujets, il applique aussi des règles venues d'un ensemble plus vaste auquel il adhère. En Droit, ceci découle du Conseil de l'Europe, de l'Union Européenne, de l'ONU.

FUTURA dépend d'un État unitaire qui ne laisse pas de liberté d'organisation personnalisée à ses composantes. Il aspire à une autonomie, indépendance, liberté... qui s'inspirerait, au moins en grande partie, de ce qui a fait le succès de DK, notamment dans le domaine des valeurs humaines, sociales, et socio-économiques.

En effet, depuis bientôt quarante ans, les habitants de DK sont classés dans des enquêtes internationales comme les plus heureux de la Planète. Nous développerons infra.

Il est attribué à Talleyrand la phrase suivante *« Quand je me regarde je me désole, quand je me compare je me console ».*

Pour FUTURA vis-à-vis de DK, c'est exactement l'inverse : *« Quand je me compare à DK je me désole... et quand je me regarde je ne peux même pas me consoler tant les bridages qui m'enserrent m'empêchent d'être moi-même ».*

* * *

DK : 5,6 millions d'habitants – 43 000 km² - PIB/Hab = 42 000 Euro

FUTURA : 5,3 millions d'habitants – 35 000 km² - PIB/Hab = 33 850 Euro [*]

Pays maritime dans les deux cas.

Anthropologiquement, nous dirons que si les gens de DK sont descendants des Vikings, ceux de FUTURA sont – en grande partie – descendants des Celtes.

* * *

Quelles sont les valeurs portées par la société DK qui font que les habitants de FUTURA puissent s'en inspirer en fonction de leurs propres références culturelles et de leurs propres comportements constatés au fil des siècles, et encore aujourd'hui ?

Nous prenons ici comme base les 10 points développés dans le livre de la danoise Malene RYDAHL « Heureux comme un Danois » - Grasset 2014.

A/ Je ne crains pas mon prochain (la confiance).

Les futuriens entretiennent entre eux une certain méfiance qui relève plus du souci de faire mieux que son voisin que d'une appréhension à vivre ensemble. De ce point de vue, parfois par manque de modestie, les Futuriens sont aptes à être aussi bons que leurs cousins nordiques avec des marges de progrès que, culture celtique oblige, ils devraient franchir sans grande difficulté. On notera aussi que cette plus faible capacité

---

[*] = Donnée commune aux habitants de l'État unitaire don fait partie FUTURA.

des Futuriens à la confiance relève en grande partie du fait que FUTURA appartient à un État unitaire où le mensonge politique institutionnel est consubstantiel, et finit par appauvrir des esprits déterminés à des comportements autres.

B/ J'ai une place dans la société (l'éducation).

Il n'est pas facile d'expérimenter des organisations et des fonctionnements pédagogiques hors du carcan de l'État unitaire auquel sont rattachés les Futuriens.

L'écart avec ce qui prévaut en DK est spectaculaire, tant par les formes diversifiées des enseignements que par les moyens de financement utilisés.

Si la vocation du système danois est d'assurer dès l'enfance un processus amenant le jeune à l'autonomie et à la responsabilité, les Futuriens, en s'appuyant sur leurs valeurs culturelles, sont dans l'expectative pour montrer qu'ils sont capables de faire aussi bien.

Cela renvoie aussi à la modestie dont font preuve les Danois.

C/ Je suis libre de trouver mon chemin (la liberté / autonomie personnelle).

Ce point est en grande partie corrélé avec le précédent.

Néanmoins, on peut légitimement penser que les Futuriens sont disposés à cet état d'esprit et à cette ouverture vers des futurs possibles concernant les trajectoires des jeunes vers une place dans la société futurienne, quelque originale qu'elle soit.

FUTURA est un Pays déjà largement ouvert sur le Monde, du fait de la diaspora d'une partie de ses habitants et des voyages au long cours. De plus, si DK a sa place reconnue explicitement et juridiquement au sein de l'UE, FUTURA n'aspire qu'à y avoir toute sa place reconnue dans les mêmes conditions, y compris avec les quelques points dérogatoires dont bénéficie DK.

D/ Je peux devenir qui je veux (l'égalité des chances).

Autonomie et responsabilité sont des valeurs danoises, on l'a vu.

Mais pour que ce couple s'accomplisse, il y faut un environnement favorable. Ses composantes sont un couple – au sens mécanique du terme – entre contributions et rétributions. Le choix collectif des Danois, celui de la cohésion sociale avant tout, qui date du milieu du 19e siècle, les a amené à produire un système de protection sociale élevé, et généreux. En contrepartie, pour que la confiance signalée au point A/ fonctionne sans accroc, il faut évidemment que tous les acteurs jouent le jeu : entreprises, ménages, organismes publics ; l'État – les représentants du peuple – étant le garant du respect des règles.

L'égalité des chances s'exprime à travers un accès gratuit à l'enseignement, un accès gratuit à la santé, une protection envers les « accidentés de la vie » leur permettant de retrouver aisément le chemin du bien-être par le travail.

FUTURA a deux points communs avec DK : un fort respect des règles collectives, y compris celles qui ne sont pas définies juridiquement par l'État unitaire, comme toutes les expressions de solidarités actives de proximité ; et, un usage parcimonieux des mécanismes de protection sociale, les abus constatés étant souvent moindres que ceux constatés sur le reste du territoire de l'État unitaire. On pourrait aussi ajouter la faiblesse de l'économie grise (fraude), qui représente 2 à 3% de la production générale contre, parfois, jusqu'à 15-20% ailleurs.

E/ J'ai des rêves réalistes (des attentes réalistes).

Les comportements en DK peuvent parfois surprendre dans le Monde d'aujourd'hui où l'argent facile et rapide semble l'alpha et l'oméga de bon nombre d'entrepreneurs (au sens générique). À y regarder de plus près, on pourrait considérer que ce réalisme danois – ne pas chercher l'exploit, avoir le souci du collectif... - ne permet pas l'apparition de génies ou d'entrepreneurs hors du commun. La vision historique n'est pas celle-là : DK a engendré de très grands physiciens, philosophes, entrepreneurs... mais, culture protestante oblige, le refus du luxe ostentatoire et de l'arrogance a toujours accompagné ces réussites.

Les habitants de FUTURA se reconnaîtraient sans difficultés dans ce portrait, à la réserve près que, les conditions de vie globale y ayant été longtemps plus rudes qu'en DK, le réalisme pourrait parfois passer pour une sorte de fatalisme. Encore que, les Futuriens sont aussi de grands rêveurs – entrepreneurs à leur manière.

Et puis, Patrice de La Tour Du Pin n'a-t-il pas écrit « Tous les Pays qui n'ont plus de légendes seront condamnés à mourir de froid. »

F/ Je vais mieux si tu vas bien (le respect de l'autre / la solidarité).

Les considérations déjà exprimées au point D/ disent bien qu'à FUTURA la solidarité effective n'est pas une ritournelle mais repose sur des actes concrets, souvent au-delà des mécanismes collectifs financés par des impôts ou des taxes.

Quant au respect de l'autre, il n'est que de remarquer que FUTURA n'a jamais donné beaucoup de crédit aux extrémistes politiques et idéologiques et qu'il y a autant de « twin cities » en FUTURA que dans tout le reste du territoire de l'État unitaire.

G/ Je veux plein de moments de « hygge » (équilibre famille / travail).

Hygge est difficile à traduire en langue française.

En résumé : pour les Danois ce sont des moments festifs à partager entre copains, amis ou parents, autour d'un repas ou de quelques bières, dans un cadre chaleureux… et avec des bougies. [Huit mois sur douze, le soleil se couche vers 15h00 au DK].

La convivialité des Futuriens étant une valeur cardinale de leur mode de vie et les valeurs du Pays étant propices à l'organisation de fêtes, festivals, manifestations culturelles de toute nature… la proximité avec les valeurs de DK apparaissent évidentes.

Quant à l'équilibre famille / travail, s'il n'est pas aussi poussé en FUTURA qu'en DK – ce qui chez ses habitants rejoint les données du point E/ -, il ne demande qu'à s'épanouir pourvu que la liberté prime sur des réglementations « latines » tatillonnes et contre-productives.

H/ J'ai besoin de quoi de plus (la relation à l'argent).

Concernant l'échelle des revenus, au DK, on obtient un écart de 1 à 2,5 après impôts et redistribution. Concrètement, cela veut dire aussi qu'un ouvrier en DK est mieux payé qu'un ouvrier en FUTURA et qu'un cadre en DK est moins payé qu'un cadre en FUTURA. Cette illustration fait partie démonstrative de la volonté collective des Danois d'assurer la cohésion sociale avant tout. Cela ne signifie pas l'absence de riches en DK, mais cela signifie que ceux-ci payeront beaucoup d'impôt sur le revenu ; que globalement, les Danois ne courent pas après une réussite matérielle excessive, étant capables d'arbitrer en fonction de ce qu'ils estiment comme « vrais besoins », d'autant que les besoins collectifs – enseignement, santé, chômage… - sont très correctement assurés.

Pour FUTURA, la dépendance aux organisations sociales non-modernes (euphémisme) de l'État unitaire étant ce qu'elle est, des innovations socio-économiques de grandes perspectives devraient être mises en place pour « rivaliser » avec DK.

Notons cependant que l'écart des revenus actuels entre ménages Futuriens est un des plus faibles mesuré au sein de l'État unitaire.

I/ Je ne me prends pas pour un être supérieur (la modestie).

État moderne = État modeste, a écrit il y a plusieurs décennies un sociologue français.

En ce qui concerne DK, nous sommes plutôt en présence d'une hiérarchie enchevêtrée. Les mécanismes principaux de protection sociale ayant été mis en place centralement – la taille du Pays permet aussi de comprendre ceci -, et continument gérés d'une manière tripartite (Employeurs – Employés – État), leur « surveillance » vient très souvent de la base (relayée par une presse très lue) et repose aussi en partie sur des processus d'auto-organisation. La modestie est plutôt à chercher dans la capacité a) De ne pas tricher ; b) De corriger régulièrement en plus ou en moins les fonctionnements défectueux sans chercher des « coupables », mais en promouvant des changements nécessaires…

souvent réalisés à froid, dans le cadre de discussions ouvertes, pluralistes… et organisées rationnellement, les fameux « forums hybrides ».

L'histoire de FUTURA ayant été marquée au 20e siècle par l'émergence de processus de coopération et de partage, il ne devrait pas être difficile de s'appuyer sur eux pour promouvoir des organisations faisant appel au triptyque modestie – autonomie – responsabilité.

J/ Je me sens libre de choisir mon rôle (égalité hommes / femmes).

Voilà un domaine où nous pouvons écrire sans souci « match nul DK – FUTURA ».

Que ce soit chez les Vikings – le premier parlement connu dans l'Histoire est islandais (L'Althing) et date de 930 -, ou que ce soit chez les Celtes chez qui la femme jouissait – il y a 2500 ans ! – de l'égalité politique, patrimoniale et sexuelle, FUTURA s'inscrivant dans cette double descendance est quasiment « prédisposé » à cette réalité.

* * *

ET MAINTENANT ?

« Le droit est un ensemble de règles que les hommes **se donnent** pour **se forcer** à un meilleur **qu'ils s'inventent**. »

René MAHEU,
ex-Directeur de l'UNESCO

Envoi

Les femmes et les hommes de FUTURA, ayant pris acte de leur attachement à des valeurs universelles et à des valeurs qui les distinguent des postures de l'État unitaire auxquelles leur devenir était attaché jusqu'alors, ont choisi de préciser les applications de ces valeurs à travers des engagements définis dans les lignes qui suivent.

Le projet global se résume dans la volonté de faire évoluer FUTURA positivement pour, dans le futur, avoir une patrie « Belle, prospère et solidaire, ouverte sur le Monde ».

OU

Comment passer de FUTURA à UN AUTRE DANEMARK ?

FUTURA = B R I T – 2

Préambule

A/ Le concept BRIT-1 fut forgé en 2006. [Clisthène 2006]. Bretagne Réunifiée Indépendante et Transnationale.

Diwal / Attention / Warning : le terme « indépendance» ne doit pas être interprété selon les modalités du « monde d'avant ». Dans le contexte de la Globalisation, l'indépendance se situe inévitablement dans l'interdépendance ; ce n'est pas l'autarcie.

B/ Le texte qui suit n'est pas une « Constitution pour la Bretagne », c'est un ensemble de propositions qui sont compatibles entre l'histoire de ce territoire et les mutations globales en cours et à venir. Ensemble qui essaye d'hybrider des valeurs humaines et culturelles héritées de nos prédécesseurs – qui ont fait de la Bretagne une singularité – et les exigences des mutations si l'on veut que les Bretons futurs vivent, travaillent et décident dans une Bretagne belle, prospère et solidaire, ouverte sur le Monde.

Titre 1

De la prospérité

« Il n'est de richesse que d'hommes ».

Posant ce principe d'entrée, nous voulons signifier que les Bretons accordent plus d'importance aux rôles des femmes et des hommes dans la production des richesses socio-économiques que des apports financiers, sans exclure ces derniers, évidemment.

1.1/ De l'épargne locale

En revenant partiellement aux fondamentaux du capitalisme originel, il convient de développer la culture de l'épargne finançant les investissements productifs. A ce titre, le pouvoir breton encouragera la création de Fonds d'Investissements de Proximité (FIP) dans le cadre d'une procédure simple, avec fiscalité claire et fonctionnement autogéré par les épargnants.

1.2/ Des entreprises

La création de richesse provenant essentiellement des entreprises privées et publiques (Valeur Ajoutée de rang 1), il convient de tout faire pour que celles-ci puissent produire – sens générique – des biens, des marchandises, des services… dans des conditions favorables.

Ce qui implique d'avoir peu de règlementations administratives, sociales, fiscales et que, lorsqu'elles existent, elles soient soumises ex-ante et ex-post à une évaluation en fonction des objectifs précisément exprimés.

Les entreprises agissant sur le territoire breton pourront bénéficier de la mise en œuvre de l'épargne de proximité irriguant les Fonds présentés en 11. Les critères d'attribution devront prendre en compte l'impératif de créer de la Valeur Ajoutée in situ, ce qui génère les RDB – Revenus Disponibles Bruts – des ménages bretons, in situ.

1.3/ De la fiscalité des entreprises

Les Bretons ont toujours privilégié le long terme au court terme. En ce sens, le taux d'imposition des bénéfices des entreprises devra à la fois être réaliste et permettre de financer pour sa part les dépenses collectives. Un taux de 25 % devrait être retenu pour commencer puis, comme indiqué supra, évalué au fil du temps.

Projet des quatre-quarts

Sur les bénéfices des entreprises, une répartition en quatre quarts serait une bonne base de départ :

- 25 % pour l'entreprise elle-même
  (Investissements, réserves...)
- 25 % pour les salariés
  (Intéressement – Participation – Épargne salariale)
- 25 % pour les financements publics
- 25 % pour les actionnaires.

Dans le cas des entreprises non-capitalistiques, les 25 % disponibles seraient affectés à l'entreprise elle-même avec une moitié destinée au financement des besoins de formation des salariés, de l'innovation, du mécénat, etc.

Pour ce qui est de l'Intéressement – Participation, une formule plus moderne que celle existant sera débattue entre les représentants des employeurs et les représentants des salariés. Orienter une partie de cette épargne vers les FIP serait une démarche cohérente avec les projets de développement locaux à soutenir.

14/ Small Business Act (SBA)

Un SBA breton sera instauré qui permettra de favoriser l'accès aux marchés publics des TPE et des PME dans un cadre réglementaire simple et compréhensible par tous les acteurs. Le SBA breton sera respectueux des règles concurrentielles ressortant du droit de l'Union Européenne.

La réserve d'un quart des montants des marchés publics aux TPE et aux PME bretonnes est une bonne base de départ, en attendant une évaluation ex-post.

Titre 2

De la solidarité

Le fonctionnement des mécanismes français de protection sociale est devenu lourd, abscons, onéreux et peu efficace au regard des montants financiers engagés chaque année. Il est proposé pour la Bretagne des mécanismes simplifiés, compréhensibles par tous et dont le financement sera également facile à comprendre… et à modifier en tant que de besoin.

En ce sens, il faut comprendre ce qui suit comme une simplification radicale, d'une part, comme un souci de cohérence et de justice, d'autre part ; ce qui amène une remise à plat de tous les mécanismes connus antérieurement.

2.1/ Allocation Universelle (AU)

Une AU sera instaurée qui met à plat les financements connus en matière de RSA, PPE, AH, Allocation chômage, Retraite de base…

Selon les calculs opérés, une AU de 750 Euro mensuels versés à chaque citoyen adulte sans obligation ni contribution préalable serait compatible avec la richesse du territoire. L'AU, qui est versée durant toute la vie de la personne est indexée sur l'évolution du PIB, en attendant de disposer d'un indicateur plus pertinent.

L'AU est financée par le budget général de BRIT.

Un complément « personne à charge » est prévu pour chaque ménage.

2.2/ De la santé

Il sera instauré une organisation des soins inspirée des exemples britanniques et danois, c'est-à-dire accès à la santé gratuite pour tous, financée par le budget général de BRIT.

Selon l'OMS, la France et la Grande-Bretagne – population quasi identique – ont les mêmes résultats sanitaires (mortalité infantile, maternités, maladies puériles, maladies de société développée, espérance de vie en bonne santé, etc.) ; cependant du fait de leur simplicité de fonctionnement les organisations britanniques (et danoises) y consacrent 2 à 3 points de PIB de moins qu'en France chaque année.

2.3/ De la famille

La question devra être posée et une solution moderne apportée.

Soit le budget « famille » - financé par le budget général de BRIT – reste calqué sur celui en vigueur en France de nos jours, soit on opte pour le versement d'un capital unique à l'enfant qui vient de naître : principes d'autonomie et de responsabilité.

2.4/ Des pensions de retraite

L'AU représente la pension de base, uniforme pour tout un chacun en âge de bénéficier d'une pension de retraite.

La remise à plat du système français, compliqué et avec beaucoup de fonctionnements (acteurs) onéreux, permettra de s'orienter vers un système complémentaire qui s'inspirera de l'organisation choisie par la Suède dans les années 1990, dit « notionnel » [répartition] ; une part supplémentaire par capitalisation viendra compléter le dispositif.

La fixation de l'âge à partir duquel un actif pourra bénéficier de pensions de retraite sera déterminée par la capacité contributive des richesses collectives créées par l'économie bretonne, tout en laissant une souplesse de choix individuel quant au montant de la pension souhaitée.

On notera que, concernant les entreprises, seules les cotisations de retraite complémentaire et supplémentaire seront à leur charge. Toutes les autres cotisations connues actuellement seront transférées au budget général de BRIT et financées par la fiscalité des entreprises – voir supra – et par la fiscalité des ménages (cf. ci-après).

2.5/ De l'enseignement - éducation

Dans la logique de la mise en place de l'Allocation Universelle, l'utilisation d'une « dotation scolaire » attribuée à chaque enfant sera expérimentée.

Cette dotation financière individuelle prend en compte la totalité des frais de scolarité de l'enfant, du début du primaire jusqu'à la fin du secondaire. Chaque détenteur de l'autorité parentale est libre d'affecter cette dotation à l'école de son choix, pourvu que les programmes d'enseignement respectent les orientations générales définies au niveau global (ensemble du territoire). Néanmoins, le droit à l'expérimentation étant considéré comme une voie de progrès, les établissements scolaires disposent de facto d'une marge d'organisation et de fonctionnement propre.

La pédagogie par immersion linguistique, ayant démontré par ses succès son bien-fondé, sera encouragée spécifiquement via un bonus dans la dotation scolaire.

Par ailleurs, l'apprentissage (alternance) sous toutes ses formes sera valorisé, encouragé, et bénéficiera de financements complémentaires à la dotation scolaire, dès l'âge de 14 ans.

Pour ce qui concerne l'enseignement supérieur, comme en DK, une « bourse » mensuelle sera attribuée à chaque jeune, qu'il utilise cette aide pour suivre un cursus d'enseignement supérieur ou pour tester ses aptitudes dans des domaines autres (art, création d'entreprise, engagement bénévole provisoire…).

2.6/ Fiscalité des ménages

Le souci de simplification et d'efficacité amènera à déterminer deux ressources essentielles pour les budgets communs (pouvoirs publics) :

¤ Un impôt sur le revenu progressif payé par tous les ménages.

¤ Un impôt sur la consommation de l'ordre de 25 %.

Fiscalité locale = voir institutions

TITRE 3

DES INSTITUTIONS

31/ « Open Data »

Inventé en 1776 par le Suédois Anders Chydenius, l'accès sans réserve à toutes les informations publiques sera instauré.

Les informations générées par les institutions publiques (Communauté, collectivités, organismes sociaux, organismes publics...) étant financées par les contribuables, elles seront d'accès gratuit, extemporanément, sans restriction ni autorisation préalable.

3.2/ BRIT Communauté et la hiérarchie enchevêtrée.

Il est proposé l'instauration d'une monarchie autogestionnaire, composée d'une Convention Générale présidée par un(e) Archonte, des Pays, des Communes.

L'Archonte présidant la Convention est élu(e) pour 15 ans au suffrage universel direct à la majorité simple. Il ou elle ne peut pas se représenter. Sa fonction consiste à représenter BRIT et à veiller au bon fonctionnement des Institutions. Une procédure de destitution en cas de manquement à ces exigences est prévue.

La Convention est composée de personnes âgées de 45 ans lors de leur sélection par tirage au sort. La durée de mandat est de

15 ans, sauf rupture anticipée (démission, décès, destitution…). Le renouvellement se fait par quinzième tous les trois ans. Une personne ayant déjà siégé à la Convention ne peut pas être tirée au sort à nouveau.

Exemple concret : si la Convention compte 100 membres, la moitié est tirée au sort parmi les personnes de 45 ans au moins habitant le périmètre d'un Pays ; l'autre moitié est tirée au sort parmi les personnes de 45 ans au moins habitant sur l'ensemble de BRIT ; le tirage s'opérant d'abord par Pays, puis pour l'ensemble, afin d'éliminer les doublons éventuels.

La mission de la Convention est de légiférer pour le bien collectif dans les domaines non couverts par les Pays ou les Communes.

3.3/ Des Pays

Le Pays est un ensemble géographique, culturel, historique… composé d'un tissu urbain aggloméré et de son environnement rural. La BRIT sera composée de 21 Pays, chiffre qui sera soumis à évaluation ex-post.

Le Conseil de Pays est composé pour un tiers de personnes élues au suffrage universel direct à la proportionnelle intégrale ; pour un tiers de personnes déléguées par les Conseils de Communes ; pour un tiers par des personnes représentatives d'organismes économiques, sociaux, environnementaux et culturels, du Pays. La durée du mandat – reconductible une fois – est de cinq ans.

La mission du Conseil de Pays est de légiférer pour le bien collectif dans les domaines non couverts par la Convention ou les Communes.

3.4/ Des Communes

La fusion de Communes sera encouragée fiscalement avec l'objectif de ne plus avoir de Commune de moins de mille habitants à l'horizon 2025.

Le Conseil de Commune est élu pour moitié au suffrage universel direct à la proportionnelle intégrale ; pour l'autre moitié, il est complété par des personnes représentatives d'organismes économiques, sociaux, environnementaux et culturels, locaux.

La durée du mandat – reconductible une fois – est de cinq ans.

La mission du Conseil de Commune est de légiférer pour le bien collectif dans les domaines non couverts par la Convention ou le Pays.

Nota = Le cumul des mandats est interdit.

Nota = Le détail des compétences respectives entre Convention/ Pays/Communes ne relève pas de ce texte d'orientations générales

3.5/ Fiscalité locale

Étant acquis en 13/et 25/ la nature de la fiscalité de BRIT pour le budget général, la fiscalité locale sera définie selon : Pour les Pays : Le tiers du prélèvement fiscal global des entreprises (IS) sera affecté aux Pays, au prorata du montant de la Valeur Ajoutée (V.A.) constatée Pays par Pays.

Cette disposition aura pour effet d'inciter les dirigeants des Pays à investir dans la création de V.A. dans leur territoire.

Pour les Communes : Le tiers de la TVA sera affecté aux Communes, au prorata de leur population.

Ceci est déjà un mécanisme de péréquation en soi.

Un autre mécanisme de péréquation sera étudié pour limiter les écarts de richesse entre les territoires, avec pour objectif la cohésion sociale.

La question d'un impôt sur le capital reste ouverte, la taxation des plus-values financières « au fil de l'eau » se faisant déjà par l'IRPP.

3.6/ Des fonctionnaires de BRIT (Convention-Pays-Communes)

La fonction publique sera régie par des Conventions Collectives de droit privé.

Les évolutions transversales public-privé seront encouragées et facilitées, et réciproquement.

37/ De l'Union Européenne

BRIT adhérera à l'Union Européenne sans restriction. Voir Titre 5.

Titre 4
Cultiure – Patrimoine – Environnement

4.1/ De la culture bretonne

La culture bretonne (histoire, arts, musiques, architectures...) fera l'objet d'enseignements dès l'école primaire. La pratique de la langue bretonne sera spécifiquement encouragée.
L'objectif à terme (2030) est de parvenir à une BRIT trilingue = anglais, breton, français, pour tous ses habitants, facteur de confiance en soi, de cohésion sociale et d'ouverture, avantage déterminant dans une vocation touristique originale.

4.2/ Du patrimoine

La gestion du patrimoine passé, présent et futur, relèvera essentiellement des Communes (dont on rappelle que le nombre aura décru par rapport à la situation prévalant au début du 21e siècle).

4.3/ De l'environnement

La gestion de l'environnement, au sens écologique du terme, relèvera essentiellement des Pays et s'appuiera sur les « pilars of sustainable development » [Rio-1992] :

1/ Favoriser la croissance économique pour assurer le bien-être des populations, notamment les plus défavorisées.

2/ Faire en sorte que l'économie soit au service de la cohésion sociale.

3/ Atteindre les objectifs des points 1/ et 2/ en respectant l'environnement, autant que faire se peut.

4/ Tenir compte des cultures et des modes de gouvernance, différents selon les lieux de la Planète.

Titre 5
De l'Europe et du monde

L'orientation générale étant de construire une BRIT « Belle, prospère et solidaire, ouverte sur le Monde », sa vocation implique des engagements proportionnés aux niveaux européen et mondial.

BRIT adhèrera sans réserve à l'Union Européenne et ses représentants militeront à la fois pour des politiques globales structurantes et communes à tous les Pays membres, ET pour des politiques de coopération transnationale de Région à Région (pour conserver un vocabulaire utilisé de nos jours.)

BRIT s'appuiera sur la diaspora bretonne pour favoriser les développements économiques et sociaux de son territoire.

Une bourse spécifique « expatrié » sera instaurée. Le bénéficiaire s'engagera à la rembourser sous un délai déterminé via la création d'entreprise en BRIT même, une sorte de RSA moderne « Retour Sur Avance ».

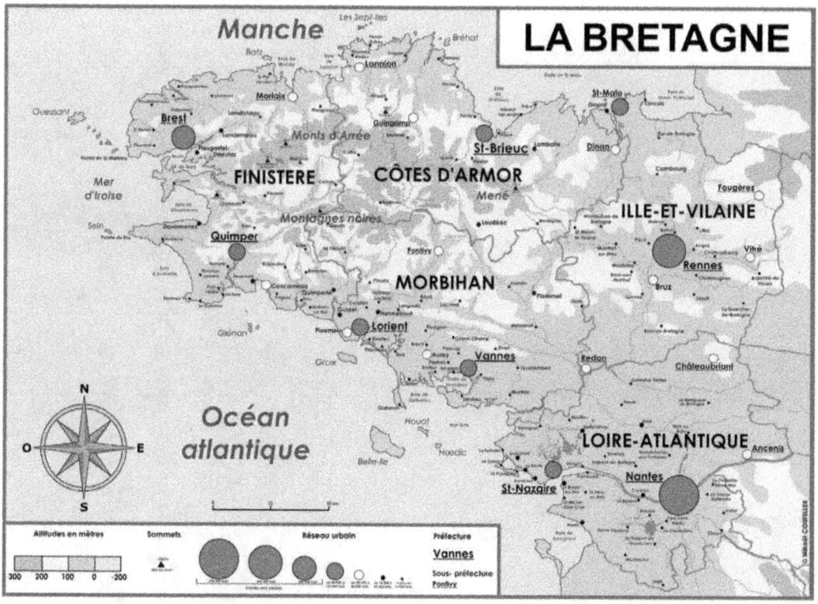
LA BRETAGNE
Manche
Océan atlantique
Mer d'Iroise
FINISTERE
CÔTES D'ARMOR
MORBIHAN
ILLE-ET-VILAINE
LOIRE-ATLANTIQUE
Monts d'Arrée
Montagnes noires
Mené
Brest
Quimper
Morlaix
Lannion
Guingamp
St-Brieuc
St-Malo
Dinan
Fougères
Rennes
Vitré
Bruz
Pontivy
Lorient
Vannes
Redon
Châteaubriant
Nantes
St-Nazaire
Ancenis
Concarneau
Loudéac
Ouessant
Sein
Groix
Glénan
Houat
Hoëdic
Belle-Ile
Bréhat
Les Sept-Iles
N
S
O
E
Altitudes en mètres
Sommets
Réseau urbain
Préfecture
Vannes
Sous- préfecture
Pontivy

BIBLIOGRAPHIE

Bibliographie complémentaire aux références déjà fournies par Loeiz Laurent dans ses textes.

- Noël AMEC, *L'impuissance publique* – Economica 2009.
- Philippe BAUMARD, *Le vide stratégique* – CNRS 2012
- Félix BELLAMY, *La forêt de Bréchéliant* (i.e. Brocéliande), X-1896.
- Henri de BOULAINVILLIERS, *L'État de la France*, Londres 1727-1728.
- Gérald BRONNER, *La Planète des hommes* (Ré-enchanter le risque) – PUF 2014
- Sylvie CATELLIN, *Sérendipité / Du conte au concept* – Seuil 2014
- Guillaume CAZEAUX, *Odyssée 2.0 La démocratie dans le numérique* – A. Colin 2014.
- Winston CHURCHILL, *La seconde guerre mondiale*, Plon 1848-1954.
- COLLECTIF, *Atlas de Bretagne, ICB* - Skol Vreizh – INSEE, 1990.
- Philippe COULANGEON, *Sociologie des pratiques culturelles* – La Découverte 2005.
- Mathieu CROZET, *La nouvelle économie géographique* – La Découverte 2009.
- DAVEZIES Laurent, *La crise qui vient (fractures territoriales)* – Seuil 2012.
- Nathalie DUGALES (et all), *Bretagne plurielle* – PUR 2007.

- Liam FAUCHARD & Philippe MOCELLIN, *Conduire une démarche prospective territoriale*, L'Harmattan 2009.
- Liam FAUCHARD & Philippe MOCELLIN, *Démocratie participative : progrès ou illusions ?*, L'Harmattan 2012.
- Liam FAUCHARD, Gérard GUIGOURES, Jean PIANEL, *Mutations des relations sociales 2030*, L'Harmattan 2014.
- FUTUROUEST, *Aménagement du territoire 2015*, Futuribles 1995.
- Driss GUERRAOUI, *Intelligence territoriale et développement régional*, L'Harmattan 2011.
- Erwan HOUARDON, *in War Raok !* n°36.
- François HULBERT, *Millefeuille territorial et décentralisation*, L'Harmattan 2014.
- Jean-Pierre HUSSON, *Envies de campagnes (territoires ruraux français)*, Ellipses 2008.
- René KHAWAM, *Lettres aux Français (d'Abd El Kader)*, Phébus 1977.
- Yves LEBAHY (Dir.), *Réunifier la Bretagne ? (Région contre Métropoles)* – Skol Vreizh 2015.
- LIAM, *Smoking No Smoking*, FutureScan 2010.
- Loeiz LAURENT, *Vivre au pays…*, Le Cercle d'Or 1977.
- Loeiz LAURENT, *J'ai pas joué*, INSEE 2000.
- Loeiz LAURENT, *La fin des départements*, PUR 2002.
- Loeiz LAURENT, *Petits départements et grandes régions*, L'Harmattan 2011.
- LE DANTEC Jean-Pierre, *Bretagne*, Seuil 1990.
- LIAM, *Périples d'un Consultant 1987-2010*, D'autres Univers 2013.

- Xavier LOUY, *France-sur-mer, un empire oublié* – Le Rocher 2009.
- Martin VANIER, *Le pouvoir des territoires* – Economica 2008.
- Charles-T. de MONTHOLON, *Récits de la captivité de l'Empereur Napoléon à Sainte Hélène* – 1846.
- Henri VERDIER, *L'âge de la multitude* (numérique) – A. Colin 2012.
- Surendra VERMA, *Le petit livre des grandes idées scientifiques* – Dunod 2009.
- Jean VIARD, *Éloge de la mobilité* (Espace, travail, tourisme) – L'Aube 2006.
- Jean VIARD, *Nouveau portrait de la France* – L'Aube 2011.
- Chester VILMOT, *La lutte pour l'Europe*, Presses de La Cité 1964.

REMERCIEMENTS chaleureux à Nicole LAURENT-CATRICE pour ses relectures et les précisions apportées lorsque des doutes subsistaient sur ce que LOEIZ avaient voulu exprimer ; idem pour les relectures effectuées par Marceline SIBIRIL durant de nombreuses heures.

L'HARMATTAN ITALIA
Via Degli Artisti 15; 10124 Torino
harmattan.italia@gmail.com

L'HARMATTAN HONGRIE
Könyvesbolt ; Kossuth L. u. 14-16
1053 Budapest

L'HARMATTAN KINSHASA
185, avenue Nyangwe
Commune de Lingwala
Kinshasa, R.D. Congo
(00243) 998697603 ou (00243) 999229662

L'HARMATTAN CONGO
67, av. E. P. Lumumba
Bât. – Congo Pharmacie (Bib. Nat.)
BP2874 Brazzaville
harmattan.congo@yahoo.fr

L'HARMATTAN GUINÉE
Almamya Rue KA 028, en face
du restaurant Le Cèdre
OKB agency BP 3470 Conakry
(00224) 657 20 85 08 / 664 28 91 96
harmattanguinee@yahoo.fr

L'HARMATTAN MALI
Rue 73, Porte 536, Niamakoro,
Cité Unicef, Bamako
Tél. 00 (223) 20205724 / +(223) 76378082
poudiougopaul@yahoo.fr
pp.harmattan@gmail.com

L'HARMATTAN CAMEROUN
BP 11486
Face à la SNI, immeuble Don Bosco
Yaoundé
(00237) 99 76 61 66
harmattancam@yahoo.fr

L'HARMATTAN CÔTE D'IVOIRE
Résidence Karl / cité des arts
Abidjan-Cocody 03 BP 1588 Abidjan 03
(00225) 05 77 87 31
etien_nda@yahoo.fr

L'HARMATTAN BURKINA
Penou Achille Some
Ouagadougou
(+226) 70 26 88 27

L'HARMATTAN SÉNÉGAL
10 VDN en face Mermoz, après le pont de Fann
BP 45034 Dakar Fann
33 825 98 58 / 33 860 9858
senharmattan@gmail.com / senlibraire@gmail.com
www.harmattansenegal.com

L'HARMATTAN BÉNIN
ISOR-BENIN
01 BP 359 COTONOU-RP
Quartier Gbèdjromèdé,
Rue Agbélenco, Lot 1247 I
Tél : 00 229 21 32 53 79
christian_dablaka123@yahoo.fr

Achevé d'imprimer par Corlet Numérique - 14110 Condé-sur-Noireau
N° d'Imprimeur : 131012 - Dépôt légal : août 2016 - *Imprimé en France*

www.ingramcontent.com/pod-product-compliance
Lightning Source LLC
LaVergne TN
LVHW021226061026
849535LV00008B/2935
* 9 7 8 2 3 4 3 0 9 8 9 9 9 *